Thea Bauriedl

Wege aus der Gewalt

Band 4129

Das Buch

Gewalt hat viele Gesichter: Man findet sie zwischen Männern und Frauen, zwischen Eltern und Kindern, zwischen verfeindeten Lagern, zwischen Völkern, zwischen den Menschen und der sie umgebenden Natur. Alle Erscheinungsformen der Gewalt in Taten und Worten sind Ausdruck gestörter Beziehungen, Ausdruck eines zur Sprachlosigkeit verkommenen Dialogs zwischen den Menschen und zwischen den Menschen und ihrer Umwelt. Thea Bauriedl, die bekannte Psychoanalytikerin, zeigt, unter welchen Bedingungen die Kultivierung des Dialogs aus feindseligen und gewalttätigen Beziehungsstrukturen herausführen kann. Da jedes Kind die Beziehungsformen seiner Eltern schon früh als eigene innere Bilder übernimmt, geht es auch darum, den zerstörten Dialog zwischen Eltern und Kindern zu pflegen. Der (sexuelle) Mißbrauch von Kindern setzt diesen Dialog außer Kraft und funktionalisiert die Kinder als „Objekte" der Eltern und anderer Erwachsener. Die Wiederholung dieses Geschehens ist „vorprogrammiert", wenn man nicht den Opfern *und* den Tätern hilft, neue, gesündere Beziehungsformen zu entwickeln. Denn jeder Täter war einmal Opfer der Gewalt, die er – vielleicht in veränderter Form – sein Leben lang wiederholt. Dieses Buch vermittelt keine Rezepte. Aber es zeigt Wege auf, wie sich gewalttätige Beziehungsformen in dialogische Beziehungsformen verwandeln können. Und es vermittelt einen großen Respekt vor der Angst und den Schwierigkeiten, die es so schwer machen, auf diesen neuen Wegen zu gehen.

Die Autorin

Thea Bauriedl, Dr. phil., Dipl.-Psych., geboren 1938, Privatdozentin für Klinische Psychologie an der Universität München, Lehranalytikerin an der Akademie für Psychoanalyse und Psychotherapie München, Psychoanalytikerin in eigener Praxis, hat 1986 das Institut für Politische Psychoanalyse München gegründet. Sie hat das Modell der Beziehungsanalyse in die psychoanalytische Theorie und Praxis eingebracht. Zahlreiche Veröffentlichungen.

Thea Bauriedl

Wege aus der Gewalt

Analyse von Beziehungen

Herder
Freiburg · Basel · Wien

Alle Rechte vorbehalten – Printed in Germany
© Verlag Herder Freiburg im Breisgau 1992
Technische Herstellung: Freiburger Graphische Betriebe 1992
Umschlaggestaltung: Joseph Pölzelbauer
Umschlag: Veronika Bauriedl, Ohne Titel 1992
Foto Umschlagrückseite: Isolde Ohlbaum
ISBN 3-451-04129-4

Inhalt

Vorwort 9

Feindbilder – Bilder gegen die Angst 19

Das „Feindbild" – ein revolutionärer Begriff 19
Wir lernen schon früh, daß wir Feinde haben 22
Wozu brauchen wir Feindbilder? 26

Der Fremde als Bedrohung und als Sündenbock 33

Der „häßliche Deutsche" – Minderwertigkeits- und Überwertigkeitsgefühle der Deutschen 33
Ausländerfeindlichkeit in Deutschland 39

Sexueller Mißbrauch – wie Opfer zu Tätern werden 53

Wer ist der Täter? – Das „Kipp-Phänomen" in der psychoanalytischen Inzest-Theorie 54
Verdrängung, Verharmlosung und Faszination – die spontanen Reaktionen auf sexuellen Mißbrauch 56
Opfer werden zu Tätern und Täterinnen – die unterschiedliche Verarbeitung des Traumas bei Jungen und Mädchen 60
Chancen und Probleme bei der Auflösung inzestuöser Gewaltstrukturen 67

Die Gefahr der Wiederholung des Mißbrauchs in der Therapie 73
Der Mißbrauch des Menschen durch den Menschen, ein Politikum 79

Der Zug der Lemminge – über die Sucht, die eigenen Lebensgrundlagen zu zerstören 85

Die Wachstumsideologie – eine Phantasie von Süchtigen . . 86
Der „Blick in die Tiefe" ist verboten 89
Auch „handfeste" wirtschaftliche Interessen sind Ausdruck unserer kollektiven Suchtproblematik 91
Der Teufelskreis von Erfolgsgefühlen und Gewalt 93
Das doppelte Bewußtsein vermindert die Angst und erhöht die Gefahr 94
Magisches Denken und strukturelle Verantwortungslosigkeit 98
Ein Rezept für den Ausstieg? 100
Fanatische Tendenzen beim Versuch, „die Welt zu retten" . 101
Es ist schwer, eine realistische Verbindung zwischen dem Nötigen und dem Möglichen zu finden 104
Schuldzuschreibungen stabilisieren den Status quo 107
Eine neue Ethik? 111

Wege aus der Gewalt 115

Die Kettenreaktion: Gewalt gegen Gewalt 115
Die Kettenreaktion ist schwer zu beenden 124
Die Gewalt als Beziehungsphänomen 132
Aktiver Pazifismus – die Auflösung der Sprachlosigkeit . . 142
Die Angst vor der Annäherung und die Unfähigkeit zu trauern 151

Toleranz – das Herz der Revolution 158
Die Rolle des Dritten bei der Auflösung der Fronten . . . 166

Nachwort 177

Anmerkungen 183

Vorwort

Wir alle leben mit Paradiesphantasien, mit Vorstellungen über Zustände, in denen wir „restlos glücklich" wären. Seltsamerweise erreichen wir solche Zustände nur sehr selten oder nie. Was hat es auf sich mit solchen Phantasien, woher kommen sie, weshalb sind sie so schwer zu verwirklichen? Weshalb schaffen wir es nicht, die Welt von Krieg und Gewalt zu befreien? Weshalb produzieren wir immer mehr Umweltgifte, obwohl wir sehr genau wissen, was wir tun? Weshalb sind unsere persönlichen Beziehungen so unbefriedigend – häufig geprägt von direkter und indirekter Gewalt? Weshalb machen wir uns gegenseitig das Leben immer wieder so schwer, obwohl wir uns doch nichts mehr wünschen als miteinander glücklich zu sein? Weshalb können wir andere Menschen nur so schwer bewegen, sich zu verändern? Weshalb können wir so wenig ändern an unseren eigenen Schwierigkeiten, unseren Krankheiten, unseren Schmerzen und Ängsten?

Vieles wollen wir anders haben, nur wenig wollen wir ändern

Fragt man einen anderen Menschen oder auch sich selbst nach seinen Wünschen, so ist zumeist die erste Antwort die Beschreibung eines Zustands, nicht die Beschreibung eines Weges oder eines Schrittes auf diesem Weg. Was anders *sein* soll, können wir relativ leicht sagen; was wir ändern wollen, damit es uns besser geht, fällt uns nur schwer ein. Es muß also gewichtige Hindernisse geben auf dem Weg zum Glück, Hindernisse, die wir nur sehr schwer zur Seite räumen können. In unserem Bewußtsein erleben wir zumeist andere Menschen oder äußere Gegebenheiten als Hinderungsgrund. Wir selbst würden ja wollen, aber die anderen wollen eben nicht, oder: Wir selbst würden ja wollen, aber es geht eben nicht.

Wir leiden unter der Diskrepanz zwischen Ist- und Sollzustand, zwischen der Situation, in der wir uns erleben, und der Situation, in der wir gerne leben würden. Und zu diesem Leiden gehört immer auch die Schuldzuschreibung. Irgend jemand ist schuld, irgendeine Ursache muß es geben, wenn wir Schmerzen körperlicher oder seelischer Art haben. Die Suche nach der Ursache und nach dem Schuldigen wirkt oft anästhesierend: Wenn wir uns mit dem Warum beschäftigen, brauchen wir den Schmerz und die Angst weniger zu spüren. Wie bei einer Teufelsaustreibung werfen wir unsere Schmerzen und Ängste in Gestalt des Schuldigen aus uns hinaus. Die Verwandlung von physischen und psychischen Schmerzen in „Teufel", in Schuld, verdeckt ebenso wie die Verwandlung von Wünschen in Paradiesphantasien die Sicht auf die eigene Unbeweglichkeit.

Der Panzer als Schutz und Gefängnis

Primär haben wir es mit einer inneren Unbeweglichkeit zu tun, mit einer Unfähigkeit zu fühlen, zu wünschen, zu trauern. Diese Unfähigkeit macht den eigentlichen Widerstand gegen Veränderung aus. Soweit wir als Kinder nicht erleben konnten, daß Wünsche erlebt und geäußert, Schmerzen erlebt und betrauert werden können, soweit wir die Botschaft in uns aufgenommen haben, daß Wünsche, die andere stören, nicht existieren (dürfen) und daß für Schmerzen ein Schuldiger gesucht werden muß – seien es andere, seien es wir selbst – im selben Maß haben wir um unser inneres Leben herum einen Panzer gebildet. Dieser Panzer besteht aus Phantasien darüber, wie die Welt sein müßte und wer daran schuld ist, daß sie nicht so ist, wie sie sein sollte. Für seine Wirksamkeit ist es kein großer Unterschied, ob wir anderen oder uns selbst jeweils die Schuld zuweisen.

Die Existenz dieses Panzers ist uns „selbstverständlich", man könnte auch sagen: sie ist unbewußt. Denn wir wundern uns zumeist nicht darüber, daß wir unsere Gefühle aussparen, daß wir immer wieder *dort* nach Schuld suchen, wo wir (unbewußt) befürchten, Gefühle zu finden. Dieser Mechanismus fällt uns gar nicht auf. Der Panzer gibt uns Sicherheit gegen Angriffe von außen, denn er ist gesellschaftskonform. Er gibt uns auch Sicherheit nach innen, denn er verleiht uns ein inneres Gleichgewicht, indem er verhindert, daß wir von unseren Gefühlen überwältigt werden und mit diesen Gefühlen und Wünschen zu ungeschützt mit der Außenwelt in Berührung kommen.

Aber Panzer sind auch einengend; sie machen unberührbar und unbeweglich. Die Sicherheit im Panzer wird oft teuer bezahlt, auch wenn sie im täglichen Krieg mit Außenfeinden von großem Nutzen sein kann. Veränderungen, wie sie für eine lebendige und gesunde Existenz jedes einzelnen Menschen und jeder Gemeinschaft nötig sind, werden durch verschiedene Panzerungen behindert, die zum größten Teil unbewußt sind. Die Panzerungen ähneln oft eher dem Totstellreflex eines Tieres, also einer Unterbrechung oder Reduktion von Lebensfunktionen, als der Verpuppung, die als Schutz für wichtige innere Veränderungen dient.

Wenn wir das Leben als ständige Veränderung unseres Körpers und unserer Seele verstehen und den Tod als ein Ende solcher Veränderungen, dann wird es interessant, danach zu fragen, was die Bedingungen für Veränderungen sind, die das Leben oder auch die Lebendigkeit von uns Menschen ausmachen. Unter welchen Bedingungen sind organische, lebendige Veränderungen möglich? Und unter welchen Bedingungen stellen sich umgekehrt Veränderungen ein, die dem Prinzip der Verstärkung des „Panzers" folgen? Ich bin überzeugt, daß sich beide Veränderungsformen ständig und überall mischen, und daß es nicht sinnvoll ist, die eine Form, die „lebendige", zu idealisieren und die „Panzerung" zu bekämpfen. Das käme dem Versuch gleich, das Leben vom Tod zu befreien. Wir müssen uns wohl damit abfinden, daß wir „automatisch" überall dort unseren „Panzer" verstärken, wo unsere Angst vor der Verunsicherung größer ist als unser Bedürfnis nach Offenheit und Befreiung. Nur der Respekt vor dieser Angst und vor den durch sie ausgelösten Schutzmechanismen ist die Basis für die nötige Geborgenheit, in der unter Umständen auf einige dieser Schutzmechanismen verzichtet werden kann.

Trotzdem ist es natürlich nur möglich, die einengende Panzerhülle zu verlassen, wenn man das Risiko auf sich nimmt, sich mehr als bisher auf unbewußt gewordene Gefühle, Wünsche und Ängste einzulassen. Nicht im Zerbrechen des Panzers liegt der Weg lebendiger Veränderung, sondern in einer sorgfältigen Kultivierung der in ihm verborgenen „Schätze", der inneren Phantasien und der in ihnen enthaltenen Wünsche und Befürchtungen. Wenn dieses innere Leben wieder oder erstmals wichtig wird, kann es allmählich auch nach außen hin ausgedrückt werden. So kann es schrittweise die starre Panzerung aus Verdrängung, Verleugnung und Schuldzuweisung ersetzen.

Gewalt ist überall

Das Thema Gewalt ist derzeit eines der wichtigsten Probleme in unseren privaten Beziehungen (die Diskussion über sexuellen Mißbrauch und Mißhandlungen von Kindern, über die Gewalt zwischen Männern und Frauen in Paarbeziehungen), in der Innenpolitik (die organisierte Kriminalität, der Umgang mit Rechts- und Linksradikalen, mit dem Gefälle zwischen West- und Ostdeutschen in bezug auf den Lebensstandard und das Selbstwertgefühl, die Probleme der Aufarbeitung der deutschen Vergangenheit im „Dritten Reich" und in der DDR), in der Außenpolitik (deutsche Soldaten im Auftrag der UNO oder der EG?, wirtschaftliche Unterdrückung und Ausbeutung der Völker der Dritten Welt) und in der Umweltpolitik („imperialistischer" Umgang mit den Lebensbedingungen unserer Nachkommen, atomare und chemische „Keulen" als Kriegswaffen und in der „Agrarindustrie").

In allen diesen Politikfeldern wird immer wieder schnell die Frage nach der Machbarkeit gestellt. Das ist aber stets nur eine Frage nach dem Umgang mit Symptomen: Was macht man mit Gewalttätern? Wie reagiert man auf Gewalt? Nach den (unbewußten) Phantasien, den inneren Bildern, auf denen die verschiedenen Formen der direkten und der strukturellen Gewalt basieren, wird selten gefragt. Politik im engen und im weiteren Sinn reduziert sich so auf strategische Überlegungen: Was muß ich tun und sagen, um „oben" zu bleiben bzw. nach „oben" zu kommen? Was muß ich tun, um „Frieden zu stiften", um Gewalt zu verhindern, um Gewalt zu kaschieren? Zwar werden international Institutionen zur gewaltfreien Konfliktlösung geschaffen, zwar werden Gesetze zur Schonung der Umwelt erlassen. Das sind an sich sinnvolle Maßnahmen, deren Wirksamkeit aber ausschließlich vom *Bewußtsein* der beteiligten Personen und deren politischen Führern abhängt.

Im jugoslawischen Bürgerkrieg wurde in erschreckender Weise deutlich, daß Waffenstillstands- und Friedensvereinbarungen nur erfolgreich sind und befolgt werden, wenn die beteiligten Menschen sich auch an diese Vereinbarungen halten *wollen*. Wenn (totalitäre) Führer, die um ihre Macht und um ihren Besitz fürchten, einen Frieden schließen sollen, in dem sie nach ihrer Ansicht nur verlieren können, werden sie das nicht tun. Wo unaufgearbeitete Gewalt aus der Geschichte zwischen Völkern oder Volksgruppen in Feindbildern „aufbewahrt" ist, die jederzeit als Grundlage für einen Kampf um Macht und Besitz bereitstehen, können auch gutgemeinte Verträge (auf Dauer) nicht eingehalten werden. Es ist also sinnvoll, sich auch mit denjenigen Ursachen von Gewalt, die im Bewußtsein bzw. in den unbewußten Phantasien der Beteiligten liegen, zu beschäftigen.

In diesem Buch versuche ich die Grundzüge einer „Psycho-Ökologie der Gewalt" darzustellen, wie ich sie im Lauf meiner Untersuchungen über Gewaltstrukturen im Individuum, in der Familie und in verschiedenen gesellschaftlichen und politischen Gruppierungen entwickelt habe. Ich bin überzeugt, daß unsere weitgehende Unfähigkeit, die Zerstörung unserer Umwelt und die Eskalation der Waffenproduktion und kriegerischer Auseinandersetzungen zu verhindern, *auch* mit den intrapsychischen und interpsychischen Beziehungsstrukturen in unserer Gesellschaft zusammenhängen.

Psychoanalyse als Beziehungswissenschaft

Psychoanalyse ist nach meinem Verständnis vorwiegend eine Beziehungswissenschaft. Sie untersucht die Psychodynamik der „Zug- und Druckverhältnisse" im einzelnen Menschen, das Zusammenspiel seiner Wünsche, Ängste und Abwehrmechanismen. Das ist der Mikrokosmos des psychischen Lebens und Erlebens. Dabei muß sie immer berücksichtigen, daß dieses Erleben des einzelnen sich in einem ganz bestimmten Umfeld entwickelt hat und sich auch in Interaktion mit einem bestimmten, jeweils aktuellen Umfeld abspielt. Auf der Basis psychoanalytischer Erkenntnisse ist es heute nicht mehr möglich, das Individuum unabhängig von dem Feld zu sehen, in dem es lebt, in dem es Symptome ausbildet, und das es durch sein Da-Sein und sein So-Sein seinerseits beeinflußt. Wir alle sind betroffen von und beteiligt an dem Geschehen, das (scheinbar nur) „um uns herum" stattfindet. Unsere Wünsche und Ängste und unsere (unbewußten) Phantasien „gehören" nicht nur uns alleine, sie verschieben sich zwischen den einzelnen Menschen hin und her, breiten sich aus und führen zu gemeinsamen Abwehrstrukturen, die als kollektive Abwehrmechanismen wiederum den einzelnen beeinflussen.

Deshalb hat eine „Psycho-Ökologie der Gewalt" auf psychoanalytischer Grundlage die Untersuchung der Gewaltursachen im individuellen und kollektiven Bewußtsein zum Gegenstand. Sie untersucht die Wechselbeziehungen zwischen den Menschen unter dem Gesichtspunkt automatisch ablaufender (unbewußter) Reaktionsmuster und findet hier ähnliche „ökologische Grundregeln" wie die traditionelle Ökologie, die sich vorwiegend mit den biologisch verstandenen Wechselwirkungen zwischen den Organismen und ihrer belebten und unbelebten Umwelt beschäftigt. Auch hier sind z. B. Beziehungen zwischen der Vielfalt (der in einer Gemeinschaft als gleichberechtigt angesehenen Meinungen) und der Qualität der (psychischen) Lebensbedingungen (in dieser Gemeinschaft) zu erkennen.

Wenn wir uns mit den Ursachen der von Menschen ausgeübten Gewalt beschäftigen, brauchen wir den Gegenstand unserer

Forschung nicht nur von außen zu betrachten; wir können in uns selbst hineinschauen, in unsere eigenen (unbewußten) Phantasien. Dies ist ein Weg der Forschung, der in der traditionellen Soziologie und Politikwissenschaft nur selten begangen wird. Diese Wissenschaften beziehen sich ähnlich wie unser Alltagsbewußtsein vorwiegend auf die sogenannten „handfesten" wirtschaftlichen und politischen Interessen; der Bezug zu den beteiligten Personen und ihren psychischen Reaktionsmustern wird dabei zumeist vernachlässigt.

Ein Grund für diese Vernachlässigung scheint mir darin zu liegen, daß wir nicht gerne offen miteinander über die wirklichen Motive unseres Verhaltens und unserer Meinungen sprechen. Zu sehr fürchten wir die diffamierende Ausgrenzung, wenn der Bezug zwischen unseren Wünschen und Ängsten einerseits und unserem „objektiven Auftreten" andererseits offenbar wird. „Handfeste" Interessen passen in das reduzierte Bild vom Menschen, mit dem wir umzugehen gewöhnt sind. Emotionale Beweggründe gelten im allgemeinen als minderwertig, die „sachliche", rationale Argumentation alleine gilt als zulässig. Und das, obwohl de facto jeder Mensch aus emotionalen Gründen *und* aus rationalen Überlegungen so reagiert, wie er reagiert. Schon die Behauptung „nur" rationale Gründe zu haben, oder nur „Sachzwängen" zu folgen, ist, wegen der Abspaltung der Gefühle, gewalttätig gegen sich selbst und gegen andere.

Unser äußeres Verhalten beruht auf unseren inneren Vorstellungen von der Welt. Diese inneren Bilder, die (z.T. unbewußten) Phantasien, übernimmt jedes Kind aus der Umgebung, in der es aufwächst. Es reproduziert ein Leben lang die Szenen der Gewalt, denen es als Kind ausgeliefert war. Das gilt nicht nur für totalitäre Herrscher wie Hitler oder Stalin. Auch die politischen Einstellungen jedes einzelnen Menschen – und damit der Gesellschaft – beruhen auf solchen unbewußten Phantasien. Sie verändern sich im Kollektiv, werden gewalttätig in Situationen der Angst und der Unsicherheit, und sie werden weniger gewalttätig, wenn im Kollektiv die Hoffnung auf ein friedliches Miteinander wächst.

Innerhalb der Personen laufen Prozesse ab, die den Vorgängen *zwischen* Personen ähnlich sind: Die Abspaltung bzw. das Unbewußtwerden eines großen Teils der eigenen Motive läuft parallel zur „Geheimhaltung" dieser Motive gegenüber anderen. Als Kinder schon haben wir gelernt, unsere Innenwelt zu schützen. Das gelingt uns dann oft so weitgehend, daß wir sie selbst nicht mehr kennen. Oft glauben wir selbst, „nur rational" oder nur „zweckorientiert" zu handeln, wo doch gleichzeitig noch ganz andere Motive, Wünsche und Ängste im Spiel sind.

Die Bedingungen und Folgen solcher Bewußtseinsveränderungen zu untersuchen, kann dazu beitragen, daß wir die Mechanismen der individuellen und der kollektiven Tendenzen zur Selbst- und Fremdzerstörung in unserer Gesellschaft besser verstehen, denen wir uns gegenwärtig gegenübersehen.

Psychoanalyse wird oft mißverstanden

Als Psychoanalytikerin habe ich es in meiner Arbeit mit spezifischen Mißverständnissen zu tun, die ich schon hier kurz erwähnen möchte. Da ist zunächst das Mißverständnis, daß psychoanalytisches Verstehen (von Tätern) mit Parteinahme (für diese) gleichzusetzen sei. In unserem Alltagsbewußtsein bedeutet: „Ich verstehe dich nicht" zumeist: „Ich bin nicht auf deiner Seite". Um innerlich eine „Front" aufrechterhalten zu können, müssen wir oft ein potentielles Verständnis für den „Feind" in uns unterdrücken. Sonst wäre das eigene „Gut-Sein" in Gefahr, dieses „Gut-Sein", das häufig durch die Einordnung in das Lager der „Guten", der „Opfer", der „Schwachen" bestätigt wird, und/oder dadurch, daß man selbst in der eigenen Phantasie immer nur „verständlich" reagiert auf die „unverständlichen" und „böswilligen" Verhaltensweisen des oder der anderen.

In diesem Denksystem wird der Versuch der Psychoanalyse, die Psychodynamik der Opfer *und* der Täter zu verstehen, oft als Parteinahme für die Täter mißverstanden. Denn: „Wer nicht für mich (und die Opfer) ist, ist gegen mich (und die Opfer)." Das Lagerdenken, nach dem es in einem Konflikt immer nur die beiden vorgegebenen Seiten gibt, bringt dieses Mißverständnis fast zwangsläufig hervor – vor allem deshalb, weil mit einer Infragestellung der Trennung zwischen „verstehbaren" und „nicht verstehbaren" Menschen oder Verhaltensweisen die (unbewußten) Absicherungen eines jeden Menschen ins Wanken geraten.

Psychoanalytisches Verständnis geht aber grundsätzlich nicht vom Lagerdenken aus; es würde sonst auf seine aufklärende Potenz verzichten. Es geht hier nicht um die Ausgrenzung entweder der Täter oder der Opfer. Es geht auch nicht um die Ent-Schuldung von einer der beiden Seiten. In dieser Sicht ist jeder und jede „schuldig": in dem Sinne, daß er/sie verantwortlich für das ist, was er oder sie tut – auch wenn sein oder ihr Verhalten vor dem Hintergrund seiner/ihrer Geschichte und seiner/ihrer aktuellen (emotionalen) Situation verstehbar ist. Der Unterschied zwischen einem Erkennen von Schuld im Sinne von Verantwortlichkeit und der Zuschreibung von Schuld im Sinne der Ausstoßung aus der Gemeinschaft, ist oft schwer zu sehen. Das liegt aus meiner Sicht daran, daß wir Menschen automatisch mit Ausstoßung reagieren, wenn ein gewisser Grad von Verunsicherung (diese Schwelle ist bei den einzelnen Menschen unterschiedlich) erreicht ist. Ich werde diesen Vorgang in diesem Buch noch näher beschreiben.

Durch den Versuch, *nicht* Partei zu ergreifen, sondern sich selbst *und* beide Seiten einer Gewaltbeziehung zu verstehen, gerät man in eine dritte Position. Diese Position wird manchmal als Ausdruck von Angst oder Feigheit („der/die hält sich aus allem raus"), manchmal auch als heimliche Zusammenarbeit mit der Gegenseite mißverstanden und angegriffen. Soweit der „Dritte" seine eigene Betroffenheit dabei leugnet, mag diese Kritik richtig und wichtig sein. Nach dem Motto „wenn zwei sich streiten, freut sich der Dritte" bzw. „hält sich der Dritte raus", kann der Dritte unter Umständen in eine unangreifbare Position kommen. Diese ist dann aber für die beiden Kontrahenten nicht mehr hilfreich.

Hilfreich ist nur ein Dritter oder eine Dritte, der oder die sich „einmischt", mit dem vollen Risiko, dabei selbst angegriffen zu werden, eventuell von beiden Seiten. Zwar ist das Angegriffen-

Werden an sich kein Beweis für eine fruchtbare Einmischung. Doch solche Risiken durch undifferenzierte Parteinahme für eine Seite oder durch „Raushalten" zu vermeiden, ist zumeist nicht hilfreich im Sinne der Auflösung von Feindbildern und Fronten. Der Versuch, die eigene, möglichst differenzierte und auch veränderbare Position in einem Konflikt zu halten, muß nicht Ausdruck von Feigheit oder Arroganz sein. Es kann sich auch um den Versuch handeln, in einem durch Polarisierung festgefahrenen Beziehungsfeld solche Polarisierungen in Frage zu stellen. Dabei kann nicht ausgespart werden, daß die eigenen Verhärtungen oder die Verhärtungen im eigenen Lager in Frage gestellt werden. Meine Arbeit auf diesem Gebiet führt mich häufig zu einer Infragestellung auch der Friedens- und Ökologiebewegung, soweit sie von fest etablierten Feindbildern lebt. Das ist unbequem, aber gelegentlich auch heilsam.

In diesem Buch habe ich zum Teil Texte verwendet, die an anderer Stelle schon veröffentlicht wurden. Ich habe sie stark überarbeitet und durch neue Kapitel ergänzt, um das (vorläufige) Gesamtbild einer „Psycho-Ökologie der Gewalt" zu entwerfen. Der Gebrauch einer allgemeinverständlichen Sprache war mir dabei wichtig, weil ich nicht nur von Fachkollegen und Fachkolleginnen verstanden werden möchte. Ich habe mich bemüht, dabei die Problematik nicht zu sehr zu vereinfachen. Ich danke Frau Dr. Karin Walter vom Herder-Verlag für ihre freundliche und interessierte Unterstützung bei der Herstellung des Buches.

München, im Mai 1992

Feindbilder – Bilder gegen die Angst

Das „Feindbild" – ein revolutionärer Begriff

Seit einigen Jahren wird im deutschsprachigen Raum viel von Feindbildern gesprochen, von der Gefährlichkeit der Feindbilder als Vorläufer kriegerischer und gewalttätiger Auseinandersetzungen und von der Notwendigkeit, sie abzubauen. Aber was sind eigentlich Feindbilder? Wozu brauchen wir sie? Wie entstehen sie beim einzelnen und im Kollektiv? Gibt es eine psychische oder auch kollektiv-psychische Disposition, die der Entwicklung von Feindbildern zuträglich ist? Und wie entsteht eine solche Disposition? Wie kann sich eine solche Disposition verändern? Alle diese Fragen sind Fragen der politischen Psychologie bzw. der politischen Psychoanalyse. Die Antworten der politischen Psychoanalyse können dabei über den bloßen *Appell* zum Abbau von Feindbildern hinausführen, denn sie tragen zu einem *Verständnis* der Mechanismen bei, die in *jedem* Menschen ablaufen. Wenn wir verstehen lernen, daß Feindbilder bei uns selbst wie bei anderen Menschen *not-gedrungen* immer wieder entstehen, sobald unsere Angst in zwischenmenschlichen Konflikten zu groß wird, dann brauchen wir andere Menschen weniger zu entwerten oder anzugreifen, wenn sie im Zustand der (vielleicht auch verdrängten) Angst mit Entwertung oder mit feindseligen Phantasien reagieren. Das bedeutet: Dann brauchen wir nicht mehr Feindbilder gegen Feindbilder zu entwickeln. Wir können leichter Wege finden, uns selbst und anderen aus diesem unglücklichen Zustand herauszuhelfen, anstatt das Unglück durch immer weitere Entwertungen und Feindseligkeiten fortzusetzen.

Die Beschäftigung mit dem Thema „Feindbilder" scheint mir

aber auch einen Wandel im kollektiven Bewußtsein anzuzeigen, der eine neue Akzeptanz für die *Relativität der Standpunkte* mit sich bringt. Wenn eine negative Aussage über einen anderen Menschen grundsätzlich auch das Produkt eines Feindbildes sein kann und nicht in jedem Fall als „Fest-Stellung" über diesen Menschen und als objektive Beurteilung seiner Person und seines Verhaltens angesehen wird, dann bedeutet das, daß allmählich auch die *Beziehungen* zwischen den Menschen, das *„Klima"* zwischen ihnen als eine Ursache ihres Verhaltens verstanden werden. Wir beginnen zu begreifen, daß keiner von uns in seinem Verhalten autonom ist. Wir alle sind in unserem Verhalten abhängig von dem Klima, das zwischen uns und unseren Mitmenschen herrscht, und von den bewußten und unbewußten Phantasien, die sich als Grundmuster des Erlebens und Verhaltens in jedem von uns im Laufe seiner Entwicklung gebildet haben. Zu diesen Erkenntnissen hat die Psychoanalyse Wesentliches beigetragen. Die große Kränkung, die im Bewußtwerden der eigenen Abhängigkeit von unbewußten Phantasien in der eigenen Person und im Kollektiv liegt und ursprünglich von der Psychonalyse als ein Stein des Anstoßes gesetzt wurde, wird allmählich im allgemeinen Denken ertragen. Ja es wird bewußt, daß solche Vorstellungen sogar hilfreich sein können, wenn man feindselige Frontenbildungen auflösen möchte. In der von der Psychoanalyse beeinflußten (psychosomatischen) Medizin wird allmählich deutlich, daß Krankheit auch und vor allem als fehlende Widerstandsfähigkeit bzw. Lebenskraft verstanden werden muß, weshalb es gilt, zur Heilung neben der körperlichen auch die seelische Widerstandsfähigkeit anzuregen.[1] Entsprechend wird in der Innen- und Außenpolitik allmählich deutlich, daß Unruhen, Terrorismus, Wettrüsten und Krieg nicht einfach nur auf die Abwesenheit oder die Unfähigkeit der Polizei oder auf mangelhafte militärische Stärke zurückzuführen sind. Alle diese „Krankheiten" von Gesellschaften werden vielmehr zunehmend als Ausdruck einer *Beziehungsstörung* innerhalb der Gesellschaften und zwischen den Staaten und Völkern erkannt, die auf feindseligen Phantasien, auf Feindbildern beruht.[2]

Innerhalb der Psychoanalyse bedeutet dieser Perspektivenwechsel in bezug auf die Frage nach den Ursachen von Gewalt und Krieg, daß wir uns von dem Konzept eines Aggressionstriebes verabschieden müssen[3], der „befriedigt", „gezähmt" oder auch „sublimiert" (auf „nützliche" Tätigkeiten verschoben) werden müßte. In der zweiten Hälfte unseres Jahrhunderts entwickelte sich auch hier eine etwas weniger biologistische Sichtweise: Aggressivität wird jetzt als innerer Zustand eines Menschen verstanden, als Reaktion auf eine bestimmte Situation, in der er sich unsicher fühlt. „Natürlich" daran ist, daß wir Menschen im Zustand der Verunsicherung – wie auch viele Tiere – eine Reaktionsmöglichkeit haben, die unser psychisches Gleichgewicht wieder herstellt und uns befähigt, uns (eventuell angreifend) zu verteidigen: Wir werden „aggressiv".

Im Zustand der Angst oder Verunsicherung ist es sinnvoll und nötig, so schnell wie möglich die Ursache dieses Gefühls herauszufinden, bzw. mit Hilfe dieses Gefühls die Gefahrensituation wahrzunehmen. Wir müssen wissen, wer oder was uns bedroht. Problematisch und für den einzelnen Menschen wie auch für die Gemeinschaft schädigend wird dieser Mechanismus dann, wenn es bei der Suche nach der Ursache der Angst nicht darum geht, die Gefahr oder den Feind zu erkennen und sich möglichst wirksam aus der Gefahr zu retten, sondern darum, einen „Sündenbock" festzustellen. Ein Sündenbock dient dazu, eigene Schuldgefühle loszuwerden und sich nicht mit der eigenen inneren Misere befassen zu müssen. In diesem Vorgang wird also nicht die eigene Unsicherheit, sondern die Bösartigkeit anderer Menschen als Ursache der Bedrohtheitsgefühle ausgemacht. Er verläuft zumeist unbewußt. Trotzdem oder auch deshalb ist dieses Geschehen an der Gestaltung aller privaten und politischen Beziehungen mehr oder weniger beteiligt. Ich werde im nächsten Kapitel darauf zurückkommen.

Auch die Erkenntnis, daß physische wie psychische „Erkrankungen" und ihre „Symptome" in Form von Gewalt nicht durch Bedrohung und Unterdrückung „geheilt" werden können, ist eine Folge dieses „Neuen Denkens", das sich in den vergangenen Jahrzehnten in unserer Gesellschaft und so auch in der Psychoanalyse entwickelt hat. Unterdrückung und Bedrohung werden selbst als Charakteristika feindseliger und kontaktarmer Beziehungsstrukturen erkannt, die auf Feindbildern beruhen. Aus dieser Sicht können diese Symptome nur dadurch aufgelöst werden, daß das zwischenmenschliche Klima verbessert wird und die Feindbilder gemeinsam abgebaut werden. Allerdings ist diese Klimaverbesserung nur zu erreichen, wenn beide Seiten persönlichen Mut und die Bereitschaft zur Kooperation einwickeln. Wo die individuelle und kollektive Unterdrückung enden soll, ist die Konfliktfähigkeit jedes einzelnen gefordert.

Wir lernen schon früh, daß wir Feinde haben

Diese Konfliktfähigkeit ist aber bei den einzelnen Menschen unterschiedlich groß. Die Disposition zur Entwicklung von Feindbildern (d.h. die Disposition zur Abwehr innerer Unsicherheitsgefühle durch Spaltung) entsteht beim einzelnen schon in der Kindheit. Sie entwickelt sich in einem bestimmten kulturellen, aber auch in einem bestimmten familiären Klima. Jedes Kind nimmt zwangsläufig das Beziehungsklima in sich auf, in das es hineingeboren wird. In fast allen Familien oder Paarbeziehungen gibt es offene oder versteckte Unzufriedenheiten. Man glaubt, deshalb nicht zufrieden werden zu können, weil der andere oder die anderen so sind, wie sie sind. Dieses Gefühl der Unzufriedenheit wird aber nicht mitgeteilt und offen besprochen, so daß eine Chance bestünde, gemeinsam an der Unzufriedenheit etwas zu verändern. Es wird entweder in Form eines Vorwurfs „herausgeschrieen" oder als versteckter Vorwurf auf einer stumm geführten „Liste" der Unfähigkeiten oder Bösartigkeiten des jeweils anderen gesammelt. So entstehen psychische „Waffenlager", Vorräte für den „Ernstfall", in dem sich dann Teile einer solchen Liste oder auch die ganze „Liste" entladen.

Die Feindbilder als offene oder versteckte Waffenarsenale haben alle die Grundform „Ich kann ja nicht, weil du ...", wobei die

Umkehrung immer mitschwingt und gefürchtet wird: „Du kannst ja nicht, weil ich ..." Im ersten Fall liegt das „Böse", die Ursache, beim anderen, im zweiten Fall wird dieses „Böse" in der eigenen Person befürchtet. Oft wird bei diesem Hin- und Herschieben das „Böse", die Schuld, absichtlich in die eigene Person hereingenommen. Das trägt aber nur scheinbar zum Frieden bei. Das abgespaltene „Böse" wird sich auch in der eigenen Person wieder bemerkbar machen, sei es in einer körperlichen Erkrankung, sei es in untergründiger Wut und seelischer Isolation.

Als physisch uns psychisch schwächstes Glied nimmt jedes Kind die abgespaltenen Anteile, sozusagen die „Abfälle" der Eltern, automatisch in sich auf. Wenn die Eltern sich manifest oder latent streiten, fühlt es sich „schlecht" im doppelten Sinn des Wortes. Es phantasiert sich als Ursache des Streits und versucht, das „Böse" zu „schlucken". Unter Umständen muß es in der Folge sein Leben lang versuchen, dieses „Böse" wieder „auszuspucken", es wieder loszuwerden. Das macht sich dann durch eine große Bereitschaft bemerkbar, in Konfliktsituationen sofort einen „Bösen", einen Feind zu finden – ganz ähnlich wie die Eltern mit diesem Kind als „Sündenbock" verfahren sind. Je stärker die Eltern auf Unsicherheit mit Spaltung (Unterscheidung von „Gut" und „Böse") reagierten, desto größer ist die Bereitschaft auch des Kindes, sich mit Hilfe dieses Mechanismus von „Bösem" zu befreien. Dazu muß das Kind nicht einmal offen beschimpft worden sein. Eine ähnliche Entwicklung kann man auch beobachten, wenn das Kind oder die eigene Familie immer als „gut", die anderen oder der andere Elternteil immer als „böse" erklärt wurden. Um das „gute Kind" zu bleiben, muß es die eigenen Gefühle und Impulse unterdrücken. Diese werden dann intrapsychisch als „schlecht" erklärt. Das führt dazu, daß sich die ganze Person „schlecht" fühlt und mehr oder weniger ständig gegen dieses Schlecht-Sein ankämpfen muß. Ein solcher Kampf kann sich darin ausdrücken, daß das Kind und später der/die Erwachsene sehr stark leidet und/oder sich selbst bzw. andere ständig abwerten muß.

Wenn man diese Dynamik der Hereinnahme und der Ausstoßung von „Schlechtem" in die eigene Person und aus der eigenen Person vor Augen hat, fällt es leichter, bei Schuldvorwürfen im Sinne der Ausstoßung eines Menschen aus der Gemeinschaft nicht nur danach zu fragen, ob diese Vorwürfe *zu Recht* erhoben werden oder nicht (und dadurch zum „Richter" zu werden), sondern sich auch darum zu kümmern, was sich *zwischen* dem Beschuldigenden und dem Beschuldigten ereignet. Es könnte ja sein, daß der Beschuldiger (in einem Streit sind das zumeist beide Parteien) gerade verzweifelt darum kämpft, nicht aufgrund des „Bösen", das er in sich zu haben fürchtet, ausgestoßen zu werden. Beschuldigungen sind immer auch ein Signal dafür, daß der Beschuldigende Angst hat, nicht „gut" zu sein.

Durch die Spaltungsmechanismen der frühen Bezugspersonen und durch die familiären Kämpfe ums „Gut-Sein" lernen wir schon sehr früh, daß es „gute" und „böse" Menschen gibt. Dieser „Lernerfolg" wird uns allerdings später in allen unseren Beziehungen sehr hinderlich sein. Da wir schon als Kinder lernen, uns selbst entweder als „gut" (= für andere nützlich), oder auch als „schlecht" (= für andere nutzlos oder schädlich) einzustufen, bleiben wir auch später dieser Unterscheidung verhaftet. Die wichtige Frage, ob wir uns gut *fühlen,* geht mehr oder weniger unter zugunsten der Frage, ob wir (für andere oder aus der Sicht der anderen) gut *sind*. Mitmenschliche Gefühle und das Bedürfnis, ohne Anwendung des Nützlichkeitskriteriums geliebt zu werden und lieben zu können, gehen dabei verloren. Wir werden zum (nützlichen oder nutzlosen) Instrument oder Objekt anderer Menschen und verwenden andere Menschen in gleicher Weise. Eine zumeist unbewußte Resignation führt dazu, daß man gar nicht mehr daran glaubt, diese Gefühle und Bedürfnisse wiedergewinnen zu können. Sie fixiert diesen traurigen Status quo, der oft nicht einmal als schmerzlich, sondern als „selbstverständlich" erlebt wird.

Das Grundprinzip jedes Feindbildes ist also die Unterscheidung zwischen „Gut" und „Böse", zwischen „guten" und „bösen" Menschen, Verhaltensweisen, Eigenschaften, Wünschen, Gefühlen usw. Jedes Kind, das in einem Bezugssystem aufwächst, das die

Orientierung nach „Freunden" und „Feinden" anbietet, muß zwangsläufig dieses Bezugssystem auch für sich selbst übernehmen. Um seine psychische Identität zu retten, bleibt ihm keine andere Wahl, als sich in dieser Verwirrung und Bedrohlichkeit der Bündnisstrukturen ebenfalls an Feind- und Freundbildern zu orientieren. Je gestörter in diesem Sinn die Umgebung des heranwachsenden Kindes ist, desto stärker wird sich dieses Kind in seinem ganzen Leben fragen müssen: „Wer ist mein Freund? Wer ist mein Feind?" Diese Fragen werden verstärkt immer dann auftauchen, wenn es sich unsicher fühlt. Soweit es nicht erfahren hat, daß man Beziehungen durch Kontaktaufnahme und konstruktive Auseinandersetzung verbessern kann, wird es auch beeinflußbar sein für jede persönliche und politische Propaganda, die ihm Ruhe, Sicherheit und Befriedigung verspricht, wenn es sich dafür den Führern des einen Lagers unterordnet und nicht daran denkt, mit Mitgliedern des anderen Lagers, mit den „Feinden", Kontakt aufzunehmen.

So lernt das Kind schon in seiner Familie das Grundprinzip der Vasallentreue kennen und befolgen: Die „richtigen", „guten" und „lieben" Kinder sind brav und „folgen" den stets „guten" und „richtigen" Eltern. Die gemeinsamen Feinde müssen immer wieder gemeinsam entwertet werden. Dieses Prinzip wird in unseren gespaltenen Familienstrukturen weitergegeben. Das Kind lernt, daß es nur dann geborgen ist, wenn es sich auf die Seite der Mutter gegen den Vater schlägt oder umgekehrt. In solchen Familienstrukturen ist es schwer zu sehen, daß die Ungeborgenheit *an diesem System* liegt und nicht dann droht, wenn man einem Bündnispartner untreu geworden ist. Die Urformen der Block- und Bündnisbildung werden in der Familie gelernt. Uns allen fällt es schwer, nicht immer wieder diesen unseren frühkindlich erworbenen Reaktionsmustern zu folgen, wenn wir Angst haben. Die in der Kindheit nicht erworbene Widerstandskraft[4] gegen den Zwang zur Bündnisbildung ist später nur noch sehr schwer zu erwerben. Doch es ist prinzipiell in dem Maße noch möglich wie bei den frühen Bezugspersonen noch ein wenig Konfliktfähigkeit vorhanden war, so daß sie nicht schon bei kleinen Konflikten den

Konfliktpartner (in der Phantasie oder in der Realität) gegen einen „besseren" Partner ausgetauscht haben. Solche positiven Erfahrungen können unter Umständen von einem Kind später für sich selbst „ausgebaut" werden.

Wozu brauchen wir Feindbilder?

In der Sozialpsychologie wurde bisher vor allem herausgearbeitet, daß Feindbilder dazu dienen, die eigene Gruppe zusammenzuhalten. Es ist inzwischen allgemeines Gedankengut geworden, daß Feindbilder durch die Projektion negativer Eigenschaften entstehen. Der Feindbild-Mechanismus wird bewußt für die Zwecke der Propaganda eingesetzt, in der Politik ebenso wie in der Erziehung. Konflikte, die innerhalb eines Volkes, einer Gruppe oder auch zwischen zwei Menschen die innere Stabilität dieser Gemeinschaft bedrohen, werden bewußt und unbewußt durch die Entwicklung gemeinsamer Feindbilder bzw. durch die Projektion von Minderwertigkeit und Bösartigkeit auf den Außenfeind verschoben.

Solche kollektiven Feindphantasien entwickeln sich vor allem in Gruppen, die lange Zeit keinen persönlichen Kontakt mehr zur Außenwelt, zu ihren politischen Gegnern oder überhaupt zu Andersdenkenden aufgenommen haben. Alleine schon dieser Zustand der Isolation von anderen Menschen läßt paranoide Phantasien entstehen. Diese können dann z. B. dazu führen, daß harmlose Demonstranten, die den entsprechenden Behörden ja nicht als einzelne Personen bekannt sind, von den Mitarbeitern dieser Behörden – wohl zum Teil aus innerster Überzeugung – in die Datenspeicher für „Staatsfeinde" eingegeben werden. (So geschehen anläßlich der Auseinandersetzungen um die Wiederaufbereitungsanlage Wackersdorf.) Der Kontaktabbruch zwischen den Anhängern unterschiedlicher politischer Meinungen führt dazu, daß auf beiden Seiten übersteigerte Befürchtungen entstehen, die sich durch das daraus folgende Verhalten beider Seiten gegenseitig aufschaukeln. Jede Seite nimmt das paranoide Verhalten der anderen Seite zum Anlaß dafür, sich ihrerseits bedroht zu fühlen und in Abwehr- oder Angriffstellung zu gehen. Die ersten Anfänge solcher Befürchtungen über die Bösartigkeit und Übermächtigkeit der „anderen" beruhen oft nicht auf realen Beobachtungen von deren Verhalten, sondern auf Phantasien über die unbekannten „anderen".

Wenn wir allerdings die Funktion der Feindbilder und ihre Entstehung nur auf die Stabilisierung des Gruppenzusammenhalts zurückführen, dann haben wir noch nicht die individuelle und kollektive *Angst* berücksichtigt, zu deren Abwehr die Entwicklung von Feindbildern dient. Wie wir eben gesehen haben, hat jeder Mensch mehr oder weniger die Tendenz, ein gespaltenes Bild seiner Umgebung zu produzieren, sobald er sich in Konflikten oder auch in anderen bedrohlichen Situationen ohnmächtig und ausgeliefert fühlt. Die Unterscheidung in Gut und Böse, in „gute" und „böse" Menschen dient zunächst auch zur Orientierung. Die diffuse Angst nimmt ab, wenn man weiß, *wer* einen bedroht, *wer* böse oder minderwertig ist, und wenn man weiß, daß man selbst trotz aller Bedrohung „gut" ist. Die Spaltung in Gut und Böse und die Projektion des Bösen auf den Gegner reduzieren zwar die Realitätswahrnehmung (der Gegner wird nur noch als „böse" gesehen; was in ihm vorgeht, bleibt unberücksichtigt). Doch Spaltung und Projektion vermindern die diffusen Angst- und Ohnmachtsgefühle. Wer einer Entwertung ausgesetzt ist, reagiert zumeist selbst auch mit Entwertung, um sich selbst wieder „gut" fühlen zu können.

Die Projektion des Bösen auf den Gegner bzw. seine Entwertung als Mitmensch sind auch Voraussetzungen dafür, daß wir einen Konflikt durch „Zuschlagen" oder durch „Weglaufen" bewältigen können. Ohne eine vorangegangene Entwertung *können* wir weder unseren Konfliktpartnern etwas antun, noch können wir einfach mit der Begründung aus dem Felde gehen, daß der andere zu minderwertig, zu übermächtig oder auch zu „schlecht" sei, als daß wir uns mit ihm abgeben wollten. Die Entwertung als Begleiterscheinung der oben beschriebenen Resignation ist nötig, um den Kontaktabbruch zu legitimieren. In Wirklichkeit wird der Kontakt aber aufgrund der Angst vor dem Konflikt abgebrochen.

Daß Feindbilder zur Abwehr von Konfliktängsten dienen, wird auch nicht gesehen, wenn man den Begriff Feindbild nur synonym mit dem Begriff *Vorurteil* versteht. Ein Vorurteil ist ein falsches Urteil, das entsteht, weil man den Beurteilten nicht kennt. Feindbilder zwischen Völkern und Rassen beruhen sicher zu einem Teil auch auf der Angst vor dem Unbekannten, mit dem man nicht umgehen, nicht sprechen kann. Der Fremde ist nicht berechenbar, weil er nicht denselben kulturellen Normen gehorcht, und deshalb mit den in der eigenen Kultur erworbenen Mitteln nicht manipuliert werden kann. Oft wird aus dieser Vorstellung, das Feindbild sei eigentlich nur ein unangemessenes Vorurteil, abgeleitet, daß ein Feindbild eine Täuschung oder Selbsttäuschung sei. In Wirklichkeit seien diese Feinde gar nicht böse. Man brauche also seine falsche Meinung über den eigentlich friedlichen Feind nur zu revidieren, dann sei das Problem schon gelöst.

Diese vereinfachte Vorstellung vom Abbau der Feindbilder ist die Folge davon, daß man den Begriff Feindbild mit dem Begriff Vorurteil gleichsetzt. Ihr wird denn auch regelmäßig ein sehr verständlicher Einwand entgegengesetzt: „Ich *habe* aber Feinde, die mich *wirklich* bedrohen; das ist doch kein Irrtum. Im Gegenteil, es wäre gefährlich, nicht zu wissen, wer mein Feind ist. Dann könnte ich mich ja nicht ausreichend schützen." So einfach ist die Definition und damit auch der Abbau der Feindbilder also nicht. Es handelt sich beim Abbau von Feindbildern nicht nur darum, ein Vorurteil zu revidieren bzw. einen Irrtum aufzuklären. Der Begriff Feindbild bezeichnet vielmehr eine ganz bestimmte *Beziehungsform* zwischen dem, der das Feindbild entwickelt hat, und seinem „Feind". Natürlich ist dieser „Feind" unter Umständen real gefährlich, eben weil man in einer solchen Beziehung oft sehr real gefährdet ist. Wenn das Feindbild als Ausdruck einer bestimmten Beziehung verstanden wird, dann handelt es sich bei der Auflösung von Feindbildern auch nicht um die Aufklärung *eines Irrtums, sondern um die Veränderung einer Beziehungsstruktur.* Ich werde diese Veränderung in den folgenden Kapiteln ausführlich beschreiben.

An dieser Stelle möchte ich noch auf eine letzte wichtige Funktion von Feindbildern hinweisen, die außerhalb der Psychoanalyse kaum bekannt ist: Das Feindbild ist nötig als Ersatzgrenze zwischen Personen, deren Ichgrenzen unsicher sind. Zur Erläuterung dieser These muß ich noch einmal darauf zurückkommen, wie die Bereitschaft zur Entwicklung von Feindbildern beim einzelnen entsteht.

Ich habe die Lager- und Frontenbildung innerhalb von Familien beschrieben, die das Kind zwingen, die vorgegebenen Fronten zunächst einmal zu übernehmen, der „Propaganda" eines Elternteils gegen den anderen oder beider Eltern gegen „die Welt" zu folgen. Bei dieser Übergabe und Übernahme von Fronten wird nicht nur die Verpflichtung übernommen, genau dieselben Feinde und Freunde zu haben wie der Vater, die Mutter oder beide. Es geschieht gleichzeitig immer auch eine Grenzverletzung, die einer Verletzung der Person des Kindes entspricht. Wer ein Kind als Bündnispartner oder als Befriedigungsobjekt (im engeren und im weitesten Sinne) mißbraucht, verletzt dessen Ichgrenzen. Unter Mißachtung der Bedürfnisse und Gefühle des Kindes dringt er ein in dessen Persönlichkeit und besetzt sie mit seinen eigenen Gefühlen, Wünschen und Abwehrmechanismen. Das „System" der Eltern wird zur „Besatzungsmacht" in der Person des Kindes, soweit diese das Kind nicht als eigene Person mit eigenen Bedürfnissen und Gefühlen respektieren und dialogisch mit ihm umgehen. Ein Kind, das seinen Vater liebt, muß diese Liebe als Bündnispartner der Mutter im Kampf gegen den Vater verleugnen und umgekehrt. Um sich gesund entwickeln zu können, bräuchte jedes Kind eine gesunde Beziehung zwischen seinen Eltern. Es wird in dieser Entwicklung gestört, wenn es von den Eltern als *deren* Schutz und (Sexual-)Partner mißbraucht wird.

Bei allen diesen und vielen anderen Vorgängen, die leider in größerem oder kleinerem Ausmaß in jeder Familie vorkommen, werden die Ichgrenzen des Kindes verletzt. Die altersgemäßen Bedürfnisse jedes Kindes bestehen vor allem darin, als das gesehen und beachtet zu werden, was es ist, ein Mädchen oder Junge, das/der Schutz, Hilfe und Orientierung braucht. Die große Bereitschaft von Kindern, sich anzupassen und die Orientierungsschemata ihrer Eltern zu übernehmen, führt immer wieder dazu, daß die noch „weichen" Außengrenzen der Kinder gewaltsam überschritten werden. Die dabei entstehenden Verletzungen trägt jeder Mensch lebenslang in sich. Er hat mehr oder weniger „durchlöcherte" Grenzen, Gefahrenstellen, an denen spätere Bezugspersonen leicht eindringen können. Er versucht diese Stellen zu reparieren, die Löcher zu „flicken", so gut er kann, aber er wird die „Haut", die zu Beginn seines Lebens von seinen Eltern – zumeist ohne böse Absicht – zerstört wurde, in ihrer ursprünglichen gesunden Form nie mehr nachwachsen lassen können.

Menschen, deren Ichgrenzen in der Kindheit schwer verletzt wurden, müssen bei Annäherung anderer Menschen Angst haben, daß diese sozusagen durch die vorhandenen „Löcher" bei ihnen eindringen und sie „besetzen". Die Entwicklung von Feindbildern ist eine Möglichkeit, sich gegen ein solches Eindringen „hart" zu machen. (Dieser Schutzmechanismus ist häufig bei Männern zu finden.) Eine andere Möglichkeit, sich vor dem „Eindringen" wenigstens ersatzweise zu schützen, besteht darin, die eigenen Gefühle „abzuschalten", als würde man einem anderen Menschen, der auf einen zukommt, sagen: „Du kannst zwar eindringen, aber ich bin nicht zu Hause." (Dieser Schutzmechanismus liegt Frauen näher.) Das „leere" Haus kann dann widerstandslos von fremden Menschen besetzt werden. Und es ist in der Tat bei sehr vielen Menschen dauerhaft „fremdbesetzt". Ich halte beide Formen, die „harte" Abwehr mit ständigen „Ausfällen" zur Verteidigung der eigenen „Burg", und die scheinbar gewaltlose Zustimmung zur Besetzung des eigenen Hauses für Formen von Feindbildern. Es sind Formen einer Beziehung, in der der lebendige Kontakt abgebrochen ist. Es fehlt der Dialog, der Austausch zwischen *zwei* oder mehr Personen, die gleichzeitig voneinander getrennt und aufeinander bezogen sind. Das Feindbild als Ersatzgrenze, die die Möglichkeit bietet, „blind zuzuschlagen" oder „stumm auszuweichen", wird im nächsten Kapitel wichtig werden.

Der Fremde als Bedrohung und als Sündenbock

Nachdem ich hier nun beschrieben habe, wie Feindbilder beim einzelnen entstehen und wozu wir sie brauchen, möchte ich mich nun den kollektiven Feindbildern zuwenden. Sie haben ihren Ursprung in den gemeinsamen Phantasien und Abwehrmechanismen unserer Gesellschaft, aber auch in der persönlichen Entwicklung jedes einzelnen Menschen. Ich halte es für wichtig, beide Aspekte auch in der Theorie miteinander zu verbinden, denn sie sind in der psychischen und psychosozialen Realität untrennbar miteinander verbunden.

Der „häßliche Deutsche" –
Minderwertigkeits- und Überwertigkeitsgefühle der Deutschen

Wenn Feindbilder Bilder gegen Angst und Unsicherheit sind, dann ist es sinnvoll, sich mit den eigenen persönlichen und kollektiven Unsicherheiten zu beschäftigen, um dadurch die Gefahr zu vermindern, daß „Böses" nach außen projiziert werden muß.

Wie jeder einzelne Mensch, so hat auch jede Gemeinschaft von Menschen spezifische Selbst- und Fremdbilder, Überwertigkeits- und Minderwertigkeitsphantasien gegenüber anderen Gemeinschaften. Eben hätte ich beinahe anstelle von „Gemeinschaft von Menschen" den Begriff „Volk" geschrieben. Ich habe mich dann für den ersten Begriff entschieden, einerseits, weil ich einen möglichst weiten Begriff verwenden wollte, andererseits aber auch, weil es mir als Deutscher fast 50 Jahre nach der offiziellen „Beendigung" der nationalsozialistischen Ideologie immer noch schwer fällt, vom „deutschen Volk" zu sprechen.

Diese Unsicherheit scheint mir typisch zu sein, verweist sie doch auf unser gemeinsames äußerst labiles Nationalgefühl, das zwischen Verteufelung und Glorifizierung, zwischen Scham, Schuld und überheblichem Stolz hin- und herschwankt. Ich glaube nicht, daß irgendein Deutscher, irgendeine Deutsche von dieser Unsicherheit ganz frei ist, auch wenn man den gegenteiligen Eindruck bekommen könnte angesichts der vielen Mechanismen, die angewandt werden, um diese Unsicherheit zu unterdrükken.

Trotz meiner Unsicherheit bei der Verwendung des Begriffes „deutsches Volk" möchte ich hier, zwar nicht von einem deutschen „Volkscharakter", wohl aber von typisch deutschen Konflikten und Konfliktlösungen sprechen, die sich in Gewaltphantasien und gewalttätigem Verhalten ausdrücken. Selbstverständlich sind nicht alle Deutschen gleich, so wenig wie alle Männer oder alle Frauen gleich sind. Aber es gibt doch typische Probleme und typische Bewältigungsmuster dieser Probleme, von denen alle Frauen, alle Männer oder alle Deutschen – mehr oder weniger, aber doch gemeinsam – betroffen sind. Die Probleme eines Volkes hängen mit seiner Geschichte, seiner Sprache und seiner Kultur zusammen. Zur Bewältigung dieser Probleme hat es wenig Sinn, quantitativ wertende Vergleiche mit anderen Völkern (etwa nach dem Grad der Ausländerfeindlichkeit oder des Nationalismus) anzustellen. Solche Vergleiche dienen zumeist nur der Entschuldigung oder Beschuldigung des eigenen So-Seins, nicht dem aufklärenden Verständnis eigener Ängste und Konfliktlösungen. Die folgende Beschreibung unserer spezifisch deutschen Konflikte und Konfliktlösungsversuche sagt deshalb nichts darüber aus, ob es in anderen Völkern ähnliche oder andere, größere oder kleinere Probleme gibt. Ich versuche hier zunächst einige unserer kollektiven Angstbewältigungsmechanismen zu beschreiben, ohne damit einen Vergleich anstellen zu wollen.

Ein kollektiver Mechanismus, mit der Unsicherheit fertig zu werden, ist das „Spiel mit verteilten Rollen". In diesem Spiel werden die beiden Seiten unserer Unsicherheit jeweils von einer Gruppe, von den „Rechten" und von den „Linken", dazu verwendet, die eigene (Schein-)Sicherheit zu stabilisieren. „Rechts" dienen immer noch und immer wieder Sauberkeit, Zuverlässigkeit, Tüchtigkeit und ähnliche Eigenschaften als „Beweise" unserer Überlegenheit und als Begründung für imperialistische Ansprüche. Alle diese Begründungen sollen Unsicherheit beseitigen. „Links" ist, in Opposition dazu, die (häufig unverbindliche, weil demonstrative) Selbstbeschuldigung zum Ritus geworden. Hier wird häufig ohne Reflexion der eigenen Größenphantasien nur immer auf die Größenphantasien der anderen, der „falschen Deutschen" eingeschlagen.

Aufgrund dieser Spaltung in Protagonisten der deutschen „Stärke" und Protagonisten der deutschen „Schwäche", der deutschen Überwertigkeit und der deutschen Unterwertigkeit, kann die gemeinsame Beschämung der Deutschen im Jahr 1945, vor allem aber die Scham über das, was die deutsche Nation anderen und Teilen des eigenen Volkes angetan hat, nicht fruchtbar werden. Es bleibt ein unsicheres Selbstwertgefühl bei uns allen, solange wir nicht über unsere Unsicherheiten, Ängste und Wünsche offen miteinander sprechen und deren persönliche und kollektive Wurzeln aufklären.

Die Unsicherheit über unsere eigene Identität zeigt sich darin, daß wir immer wieder fragen, ob wir nun eigentlich „Verbrecher" oder „Genies", „böse" oder „gute" Menschen sind. Diese Spaltung der Selbstbilder wirkt – so habe ich manchmal den Eindruck – wie ein „ewiger Fluch". Dieser „Fluch" wird allerdings – so fürchte ich – von vielen Deutschen nur als eine Folge der kränkenden Niederlage der Nationalsozialisten verstanden und nicht als Ausdruck einer kollektiven psychischen Problematik, nämlich der Spaltung in Minderwertigkeits- und Überwertigkeitsphantasien. Aus meiner Sicht ist diese Spaltung nicht nur Folge, sondern auch Ursache der beiden von Deutschland heraufbeschworenen Kriege und der jeweils nachfolgenden Katastrophen in diesem Jahrhundert.

Es fällt uns Deutschen auch deshalb so schwer, vom „deutschen Volk" zu sprechen, weil damit die Attribute „gut" oder „böse" so nahe liegen. Diese Attribute streiten sich in jedem/jeder Deutschen, wenn auch nicht jede(r) von uns diesen Konflikt in gleicher

Weise löst. Schon die Fixierung auf bestimmte („gute" oder „schlechte") *Eigenschaften* ist ein Hinweis auf ein gestörtes Selbstwertgefühl. Die Frage: „Sind wir gut oder schlecht?" übertönt bei weitem die Fragen: „Wie geht es uns? Wie fühlen wir uns? Wie fühlen wir uns in der Beziehung zu anderen?" Wir scheinen uns selbst nicht für so wertvoll zu halten, daß wir einfach nur nach unserem Befinden fragen würden. Wer sich aber diesen Fragen nicht mehr stellen kann (weil sie ihm nie gestellt wurden), muß statt dessen stets danach fragen, wie ihn die anderen sehen. Er muß durch die Bilder, die andere von ihm haben, ein inneres Vakuum ausfüllen, das durch das Desinteresse an der eigenen Befindlichkeit entstanden ist.

Ein Vakuum im Selbstwertgefühl entsteht auch, wenn man seine eigene Geschichte zu verleugnen versucht.[1] Auch unsere Geschichtslosigkeit verursacht eine „Leere", die danach drängt, ausgefüllt zu werden. Obwohl wir die sich wiederholenden Szenen unserer Geschichte kennen könnten, nehmen wir sie nur sehr zögernd als die *eigenen* Szenen an. Würden wir die in diesen Szenen zutage tretende Zusammengehörigkeit von Überwertigkeits- und Minderwertigkeitsphantasien, von Gewalt gegen andere und Gewalt gegen uns selbst, begreifen und als unser Problem akzeptieren, wir wären weniger in Gefahr, ständig irgendeine Übergröße zusammen mit der dazugehörenden Niederlage zu inszenieren. Wir bräuchten auch nicht immer wieder von zu erwartenden (Wirtschafts-)„Wundern" zu sprechen. Es ist unsere Szene, hoch hinauf zu fliegen und dann abzustürzen. Solche Szenen kann man nicht verändern, wenn man sie nicht als die eigene Problematik begreift.

Ein unsicheres Selbstwertgefühl führt zu Mißtrauen und Feindseligkeit. In Deutschland gibt es weit mehr Deutschenfeindlichkeit von Deutschen, als wir zumeist glauben. Da wir ständig mit Selbstentwertung und Selbstüberhöhung beschäftigt sind, haben wir wenig *realen* Bezug zu uns selbst und zu anderen Völkern. Wir leben in der ständigen Angst, von den Menschen anderer Völker nicht geliebt zu werden. Wer es selbst nicht wagt, zu lieben, lebt in der steten Furcht, nicht geliebt zu werden. Was innen als eigenes Gefühl nicht vorhanden ist, muß ersatzweise von außen bezogen werden.

Diese gespaltene Identität begünstigt Interaktionen, in denen die „anderen" den komplementären Part spielen. Diese „anderen" fürchten sich vor der deutschen „Größe" und „Aggressivität". Im Konfliktfall kämpfen sie dagegen mit den Waffen, die ihnen die Deutschen selbst in die Hand geben. Sie sprechen von den „häßlichen Deutschen" wie diese selbst, wenn sie glauben gegen ein Deutschland Verbündete zu brauchen, das zu groß zu werden droht. Dieses Wort vom „häßlichen Deutschen" ist die Achillesferse, an der alle Deutschen verwundbar sind. Solange wir glauben, uns nur mit möglichst vollständiger „Rüstung" (im direkten und übertragenen Sinn) schützen zu können, wird die Bedrohung dieser „Ferse" bleiben.

Eine Chance, am ganzen Körper wieder „berührbar" zu werden – und damit nicht der ständigen Gefahr an der „Ferse" ausgeliefert zu sein –, besteht darin, den Fremddefinitionen Selbstdefinitionen entgegenzusetzen. Wenn wir uns definieren als die, die wir sind, mit unseren spezifischen Problemen und Möglichkeiten, dann sind wir uns sicher darüber, wer wir sind und wer wir nicht sind. Nur die *eigenen* Gefühle geben verläßliche Auskunft darüber, wer man ist und in welcher Beziehung man sich zu anderen befindet.

Dann bräuchten wir uns auch nicht durch Vergleiche und darin festgestellte Unterschiede gegenüber anderen zu definieren. Derzeit geschieht das leider häufig, sowohl im positiven als auch im negativen Sinn. Wenn man nicht weiß, wer man ist, versucht man sich gelegentlich von anderen dadurch zu unterscheiden, daß man sich grundsätzlich besser oder schlechter findet als diese, ja man kann sich sogar verbieten, sich irgendwie zu finden. Bei einer Diskussion zum Thema deutsche Identität hörte ich vor allem diesen Einwand gegen meine Überlegungen zur Problematik und zu den vielen offenen Fragen unserer Identität: Es sei schon nationalistisch, überhaupt von so etwas zu sprechen wie einer deutschen Identität. Mein Versuch, unsere Konflikte und Unsicherheiten zu beschreiben, konnte von einigen Diskussionsteilnehmern nicht als eine Suche nach uns selbst wahrgenommen werden. Das lag sicher nicht nur an der persönlichen Angst der Diskutierenden, sich als konfliktbehaftet und unsicher zu erkennen, sondern auch an der Stimmung in unserem Land, in der das „Spiel mit verteilten Rollen" gespielt wird. Menschen, die sich aus persönlichen Gründen von der Wahrnehmung ihrer eigenen Konflikte möglichst fern halten, suchen in diesem Umfeld bei Verunsicherung ihre Sicherheit in der Behauptung, die Deutschen seien einfach „gut" bzw. „schlecht", alles andere sei „falsch". Ein Drittes, eine differenziertere Sicht, die die Gefühle, Wünsche und Ängste der Deutschen einbeziehen würde, gibt es in diesem Spiel nicht.

Auf diesem Boden der undifferenzierten Selbst- und Fremdbilder gedeihen Feindbilder besonders gut. Zwar scheinen sich die hier von mir absichtlich in Anführungszeichen gesetzten Positionen „rechts" und „links" mit der Aufhebung der Spaltung zwischen Ost und West allmählich aufzulösen, doch die zugehörigen Identifikationen mit der Stärke bzw. der Schwäche sind weiterhin wirksam. Da beide Identifikationen zur Gewalt führen (wie wir im „rechtsradikalen" und „linksradikalen" Terrorismus sehen mußten), halte ich es für sinnvoll, die Herkunftsszenen dieser Identifikationen noch einmal kurz zu beleuchten:

Die „Stärke" der Deutschen müßte anderen und uns selbst nicht Angst machen, wenn sie mit Gefühlen der Mitmenschlichkeit gepaart wäre. Für Kinder ist es nur gut, wenn ihre Eltern stark sind – soweit die Eltern ihre Stärke zum Wohl der Kinder einsetzen. Viele „Linke" halten Stärke aber von Natur aus für böse, vielleicht weil sie bisher nichts anderes erlebt haben, als daß Stärke *gegen* Schwache eingesetzt wird. Viele „Rechte" wiederum wischen die Skrupel der „Linken" einfach vom Tisch. Sie identifizieren sich nicht wie die „Linken" mit den (ehemals) Schwachen (Kindern), sondern mit den (ehemals) Starken (Eltern). „Uns hat es auch nichts geschadet", ist dann die Begründung, mit der sie die Gewalt weitergeben, der sie selbst ausgeliefert waren. Der Kampf der einen gegen die anderen ist die Wiederholung der in vielen Familien und in den meisten außerfamiliären Zusammenhängen erfahrenen Szene, in der der Starke sicher zu sein scheint, weil und wenn er den Schwachen unterdrückt oder aus dem Weg räumt. Es ist deshalb nicht erstaunlich, daß auch „Linke" gleichzeitig versuchen, möglichst stark zu sein, möglichst viele Verbündete gegen ihre Feinde zu haben, und auf der anderen Seite sehr häufig Macht und Stärke per se ablehnen. In Wirklichkeit trägt jeder Mensch beide Identitäten in sich. Sie sind um so mehr voneinander abgespalten, je weniger Mitmenschlichkeit der einzelne in seinem Leben erfahren hat.

Ausländerfeindlichkeit in Deutschland

Feindselige Angriffe auf Ausländer gibt es auch in anderen Ländern. Weshalb sie dort vorkommen, ist vielleicht eine interessante Frage im Rahmen einer Untersuchung der jeweiligen Länder und ihrer Probleme. Wir Deutschen sind für die Ausländerfeindlichkeit in unserem Land verantwortlich, und damit für die Frage, auf welchem Boden, auf welchen kollektiven Phantasien solche Feindbilder und Gewalttätigkeiten *bei uns* wachsen.

Wie überall in der Welt beruht der Kampf gegen die „Fremden" zunächst auf ökonomischen Befürchtungen, die mehr oder weniger objektiv begründet sind. Solange die Fremden in unserem Land „Gastarbeiter" waren, die uns beim Wiederaufbau unseres Landes halfen, waren sie noch willkommen. Nach unserer von vielen Menschen mit Scham erlebten Niederlage konnten wir uns ihnen als „Arbeitgeber" schnell wieder überlegen fühlen. Jetzt aber gibt es bei uns inmitten der Fülle des Wohlstands die Angst vor dem „Hunger". Diese Angst muß Gründe haben, die nicht nur mit einer objektiven Gefahr des „Verhungerns" zusammenhängen.

In den letzten Jahrzehnten haben wir unser an sich labiles Selbstwertgefühl als „häßliche Deutsche" dadurch zu stabilisieren versucht, daß wir unseren Reichtum ständig vermehrten und Armut und Hunger „hinter der Grenze", im Osten und Süden, aussperrten. Wenn nun die Grenzen, außerhalb derer wir auch in der

Phantasie unsere eigene Bedürftigkeit angesiedelt hatten, unsicher werden, muß eine diffuse Angst vor dem Hunger wiedererstehen. Obwohl ein schrittweiser Ausgleich des hohen Wohlstandsgefälles zwischen West und Ost, Nord und Süd objektiv möglich wäre, scheint uns schon der Gedanke an eine Minderung unseres Besitzes existentiell zu bedrohen. Wenn man bedenkt, daß wir unsere Existenz(berechtigung) psychisch mit unserem Wohlstand verbunden haben (wir sind nicht „böse", sondern „reich"), dann wird auch dieses Bedrohtheitsgefühl verstehbar.

Eine weitere ständig drohende und weitgehend verdrängte Angst ist die Angst vor der irreversiblen Zerstörung unserer ökologischen Lebensgrundlagen. Fast alle einzelnen Menschen in unserem Volk streben vor allem danach, ihren persönlichen Besitz zu mehren. Dieses Bestreben wird allgemein für „normal" gehalten, auch wenn dabei Reichtümer angesammelt werden, die niemand wirklich braucht – wir leben ja in der „freien Marktwirtschaft". Weil wir das alles für „normal" halten, erscheint es uns aussichtslos, die mit dieser destruktiven Lebensweise einhergehenden Zerstörungen unserer Umwelt noch aufhalten zu können. Das häufig verdrängte Gefühl, „auf einem Vulkan" zu leben, bedroht unser Sicherheitsgefühl und drängt danach, sich im Kampf gegen Sündenböcke auszuleben.

Und schließlich spielen bei unserem grundsätzlichen Unsicherheitsgefühl auch Schuldgefühle eine Rolle. Es sind Schuldgefühle und Bestrafungsängste, die nicht nur aus unserer nationalsozialistischen Vergangenheit resultieren, sondern ihren Grund zum Beispiel auch darin haben, daß in Deutschland Waffen hergestellt und in die Dritte Welt geliefert wurden. Der Einsatz dieser Waffen gegen die Armen und gegen Andersdenkende in den Staaten der „Dritten Welt" löst dort, zusammen mit der ebenfalls von uns mitverschuldeten Armut, die Flüchtlingsströme aus, die wir jetzt fürchten. Wir haben auch Angst vor den Folgen unseres eigenen Tuns. Wir fürchten – auch zu Recht –, die „Sünder der Welt" zu sein.

Solche Unsicherheiten im Selbstwertgefühl der Deutschen bilden zusammen mit Schuld- und Verarmungsängsten ein Gemisch, das gerade Jugendliche dazu bringt, eine Form der Pseudostärke zu produzieren, die manche ältere Menschen an die Pseudostärke und das triumphierende Auftrumpfen gegen Unsicherheit im „Dritten Reich" erinnert. Der Beifall für fremdenfeindliche Aktionen und die Wahlergebnisse der rechtsextremen Parteien lassen darauf schließen, daß ein Teil unserer Bevölkerung sich durch den Kampf gegen die Schwachen, Unsicheren und Fremden, gegen das Schwache, Unsichere und Fremde in der eigenen Person und im eigenen Volk, vertreten fühlt.

Die Institution des „Sündenbocks" geht auf einen alten Ritus zurück, mit dessen Hilfe man alles „Böse" und „Schlechte" aus der Gemeinschaft ausstoßen, „in die Wüste schicken" konnte. Die zurückbleibende Gemeinschaft war dann (scheinbar) „erlöst" von allem, was sie bedrohte, vor allem von inneren Spannungen und Konflikten. Daß es sich hierbei nur um eine scheinbare Erlösung handelt, ist daran zu erkennen, daß damals und heute noch immer neue Sündenböcke in die Wüste geschickt werden mußten und müssen. Das „Böse" sammelt sich immer wieder in der eigenen Person und in der eigenen Gemeinschaft. Und die Sündenböcke werden „in der Wüste" zu einer Bedrohung, die nun von außen kommt. Im Weltbild der frühen Kulturen konnte wohl noch erwartet werden, daß der Sündenbock in der Wüste umkommt und damit die eigene Gemeinschaft nicht mehr bedrohen kann. Aber viele Mythen und Märchen unseres Kulturkreises weisen daraufhin, daß ausgesetzte und verstoßene Kinder auf wundersame Weise gerettet werden und, wieder heimkehrend, die zu Hause herrschende „Kultur des Bösen" erfolgreich stören. Diese Märchen vermitteln zumeist auch, daß erst die Wiederkehr der Ausgestoßenen (des Ausgestoßenen) einer wirklichen Erlösung von dem „Bösen" mit sich bringt. Um die ständige Angst vor dem durch Projektion („Hinauswurf") Fremdgewordenen aufzulösen, muß es wieder in der Person, in der Gemeinschaft integriert werden.

Wenn wir uns nun ansehen, welche (projizierten) Eigenschaften wir zusammen mit der Wiederkehr unserer „Sündenböcke" fürchten, dann können wir sehen, welche Teile unserer eigenen Identität wir abgespalten haben, die uns jetzt fehlen und die unser Gefühl der Unsicherheit ausmachen. Die Angst vor dem Verlust unseres Wohlstands und unserer Lebensgrundlagen verwandelt sich bei vielen Menschen in unserem Volk in eine Angst vor den Fremden, die uns bedrohen könnten. Das heißt: Wir haben unsere Existenzangst „in die Wüste geschickt"; von dort kehren in unserer Phantasie die Ausländer und andere bedrohliche Menschen zurück, so die Armen, Kranken, Behinderten, die uns die Arbeitsplätze oder die Sozialversorgung wegnehmen.

Ich will mit diesen Bemerkungen nicht behaupten, daß auf dem Arbeitsmarkt kein realer Verdrängungswettbewerb stattfände. Doch ich meine, daß die Projektion von „hausgemachten" Existenzängsten auf bestimmte Personen oder Personengruppen verhindert, daß mit diesen Personen menschlich umgegangen wird. Menschlicher Umgang würde zum Beispiel bedeuten, offen und ernsthaft mit ihnen auszuhandeln, was man zu geben bereit und fähig ist. Dabei müßte auch deutlich werden, welche Vorteile für unsere Volkswirtschaft sich aus der Zuwanderung so vieler dringend benötigter Arbeitskräfte ergeben.

Aber der Mechanismus, diffuse innere Ängste in Bedrohungen von außen zu verwandeln, wird schon in unseren Kinderstuben erlernt. Nicht die eigene Unsicherheit, sondern die „Bösartigkeit anderer Menschen" gilt als die Quelle der Angst. Da wir uns nicht vor den bedrohenden Gefahren schützen können, versuchen wir, uns vor den scheinbar bedrohlichen Ausländern zu schützen. Das hat zur Folge, daß wir unsere eigenen Probleme noch weniger lösen können und daß wir gleichzeitig auch mit den Ausländern nicht so umgehen können, daß beide Seiten einen Gewinn davon haben.

Was wir in den Ausländern bekämpfen, können wir auch daran erkennen, daß die „bösen" Ausländer die armen und schwachen Ausländer sind (Frauen und Kinder, sowie ältere Menschen, die sich nur noch schwer anpassen können). In unserer eigenen Gesellschaft halten wir die Armen und Schwachen, die Behinderten und Leidenden für weniger wert als die gut Funktionierenden.

Wer von den Ausländern „gut verwendbar" ist und ausgebeutet werden kann, der ist auch nach unserem Ausländergesetz „willkommen". Ausländer, die jung, kräftig, gut ausgebildet sind und fleißig für unseren Wohlstand mitarbeiten können, solche Ausländer können wir brauchen – wenn sie ihre Familien zu Hause lassen und dorthin zurückkehren, sobald sie hier „ausgedient" haben. Ich denke, daß in dieser „Auswahl" nicht nur das Profitdenken unserer Gesellschaft, sondern auch unsere Mißachtung des „schwachen Menschen" zum Ausdruck kommt.

Da wir schon seit den 60er Jahren die zu uns gerufenen „Gastarbeiter" als Menschen zweiter Klasse behandeln (kein Wahlrecht, große Schwierigkeiten beim Erwerb der deutschen Staatsbürgerschaft usw.), haben wir den Ausländern in unserem Land gegenüber auch Schuldgefühle. Diese Schuldgefühle verwandeln sich unversehens in Feindbilder: Wenn wir die Ausländer schlecht behandeln, dann müssen sie wohl auch böse oder minderwertig sein, denn sonst würden wir sie ja nicht schlecht behandeln. Sollte diese Phantasie in Frage gestellt werden, wären wir in Gefahr, uns selbst „schlecht" und die Ausländer „arm" und „gut" finden zu müssen – und das wollen viele unserer Politiker zusammen mit ihren Anhängern vermeiden. Aus diesem Grund darf es auch nicht wahr sein, daß wir ethnische Minderheiten in unserem Land haben, die eigentlich – wenn wir sie hätten – nach unserer eigenen Meinung (die wir gegenüber Franzosen, Engländern, Italienern, Spaniern vertreten) ein Anrecht auf den besonderen Schutz eines Rechtsstaates hätten. Es darf auch nicht wahr sein, daß wir wegen der schnell sinkenden Bevölkerungszahlen in unserem Land in den nächsten Jahrzehnten sehr viele Zuwanderer brauchen, um unseren Lebensstandard halten zu können. An den Ausländern, unseren „Sündenböcken", darf nichts Gutes sein. Abhängigkeiten, die wir fürchten, werden in unserem Bewußtsein einfach umgedreht: Nicht wir sind von den Zuwanderern abhängig, sondern die Zuwanderer von unserer „Gnade".

So bieten wir den Zuwanderern und Flüchtlingen ein kleines Nadelöhr (das Wort „Asyl") an, durch das sie nur in unser „gelobtes Land" kommen können. Wenn sie aber versuchen, durch dieses Nadelöhr zu gelangen, dann sprechen wir vom Mißbrauch des Asylrechts. Damit bleiben die Ausländer „böse", und wir sind „gut", denn wir haben das „großzügigste Asylrecht der Welt". Nur mißbraucht darf es nicht werden. Daß wir kein Einwanderungsrecht haben, fällt dann kaum mehr auf.

Nun muß man aber auch die aktuelle Verunsicherung in unserem Volk sehen, die zur Verstärkung solcher Feindbilder und ungastlichen Verhaltensweisen beiträgt.[2] Durch die großen politischen und gesellschaftlichen Umbrüche, die Auflösung des Ost-West-Gegensatzes und die Vereinigung der beiden deutschen Staaten traten Verunsicherungen ein, die für sehr viele Menschen in unserer Gesellschaft schwer auszuhalten sind. Wo früher klare Orientierungsmöglichkeiten gegeben waren (das „Böse" bzw. das „Gute" ist jenseits der Grenze), fühlen sie sich jetzt vom Chaos umgeben. Nicht nur die existentielle Bedrohung vieler Jugendlicher, Frauen und älterer Menschen macht Angst, auch die Identität der Deutschen ist noch einmal ganz neu in Frage gestellt.

Manche Jugendliche, altersgemäß die „Protestierenden" jeder Gesellschaft, versuchen nun diese Verunsicherung an andere weiterzugeben, an solche, die noch schwächer sind als sie selbst (die Ausländer), oder an solche, die sie nicht kennen (Anschläge auf Bahnstrecken usw.). Wer sich im eigenen Volk entwertet fühlt, „keine Zukunft" zu haben scheint (oder vielleicht wirklich keine Zukunft hat?), nicht sicher ist, ob er dazugehören darf zu den „richtigen und reichen Deutschen", der muß die Grenzen Deutschlands nach außen betonen. Die Grenzen zwischen Gut und Böse haben sich für viele Deutsche von der Elbe an die Oder verschoben; dort versuchen sie nun den Unterschied zwischen Deutschen und Nicht-Deutschen klarzumachen. Im eigenen Land schafft das gemeinsame Feindbild „Ausländer" auch eine Verbindung der Deutschen aus West und Ost. „Das Viehzeug gehört ausgerottet", so rief ein Jugendlicher in Riesa, als er gegen die in der Stadt lebenden Mosambikaner ins „Feld zog"[3]. Ob er unbewußt dabei sich selbst meinte und mit diesem Schrei seine eigene Angst ausdrückte?

Das „neue Deutschland" hat an Orientierungsmöglichkeiten kaum etwas Besseres zu bieten als die Trennung zwischen (wirtschaftlich) Erfolgreichen und Erfolglosen. Da jetzt nur noch die wirtschaftlich Erfolglosen die Deutschen zweiter Klasse sind (früher waren es pauschal die Bürger der DDR), müssen sie zusammen mit den Erfolgreichen um den Erhalt „unserer" Macht und „unseres" Reichtums gegen die Armen draußen kämpfen. So gehören sie doch wenigstens zu den „Menschen erster Klasse", nämlich den Deutschen. Ein Qualitätskriterium, das mit der Geburt zusammenhängt (als Deutsche/r geboren), kommt dabei sehr gelegen. Die „richtige" Geburt füllt die Leere, die durch wirtschaftliche Ängste und reale Not, aber auch durch die allgemeine Verunsicherung über die Identität der Deutschen entstanden ist.

Auffällig ist, daß in dem Kampf gegen die Ausländer heute Formen des rassistischen Kampfes der Nationalsozialisten wieder auftreten, von denen mancher glaubte, sie seien endgültig vergessen. Anscheinend sind aber nicht nur die Phantasien, sondern auch die äußeren Formen, die „Kleider" aus dem Vorrat nationalsozialistischer Symbole und Ideologien, die die gewalttätigen Phantasien und Handlungen absichern, doch gut aufbewahrt worden. Sie liegen offenbar für die Nachkommen der damaligen Täter ebenso bereit wie für ähnlich Denkende in vielen Ländern der Erde. Wir Deutschen haben ein sehr brauchbares Muster für Gewalttäter aller Art geliefert, dessen Symbole (Hakenkreuz und SS-Runen) in den verschiedensten Bewegungen und Staaten wieder auftauchen. Das Bild vom Gewalttäter, verkleidet als „Saubermann", scheint die Schuldgefühle wegen der Verletzung anderer Menschen besonders gut zu binden. Ich halte es für sinnvoll, darüber nachzudenken, wie gewalttätig unsere deutsche „Sauberkeit" in unserer Wirtschaft, in unserem Militär, aber auch in unseren Kinderstuben sein kann.

Wer sich heute in Deutschland mit den Insignien des NS-Staates ausstattet und bewaffnet, tut das vielleicht auch, weil er damit die unbedauerte und unbetrauerte Identität seiner Eltern und Großeltern wieder aufgreift: sei es, um die Vorfahren zu rechtfertigen, sei es in Opposition zu seinen Eltern, die versucht haben, ihn in einer anderen Ideologie – aber eben wieder in einer Ideologie mit den entsprechenden Feindbildern – zu erziehen. Er folgt einer „Mode", die keinesfalls zufällig gerade jetzt entstanden ist und die hoffentlich bald wieder „unmodern" wird. Im Zusammenhang mit den äußeren Zeichen der Gewalt, z.B. dem Hakenkreuz, ist zu bedenken, daß nicht die Zeichen das Problem sind (die kann man verbieten), sondern der psychische und materielle Zustand derer, die ihre Gewaltphantasien mit ideologischen Vorwänden und Insignien tarnen. Es sind nicht die Hakenkreuze, um die es geht, es sind die Jugendlichen, die verzweifelt schreien: „Wir haben nichts zu verlieren!"

Aber die Resonanz auf diesen Schrei in der (politischen) Öffentlichkeit kommt kaum über Sympathiebekundungen oder Ablehnung hinaus. Die öffentlichen Meinungsführer nehmen die Spaltung auf, die ihnen angeboten wird, ja sie leben zum Teil davon. Manche Politiker und Journalisten können in unserem Land gut herrschen und gut Geld verdienen, wenn sie sich den Schrei der Jugendlichen zu eigen machen oder ihn lauthals verurteilen.

Seit Beginn der 80er Jahre wurde das „Ausländerproblem" von rechten Politikern hochgespielt, und zwar ganz bewußt immer dann, wenn ihre Mehrheiten in Gefahr waren. Vorher war der Umgang mit Ausländern eher ein Problem, mit dem nur die Verwaltung befaßt war. Seit dieser Zeit wird von der „Grenze der Belastbarkeit der Bevölkerung" durch fremde, z.B. islamische Kulturen gesprochen.[4] Die „durchmischte und durchraßte" Gesellschaft oder auch die „Gefahr aus dem Osten" als Schreckensbilder sind absichtlich entworfene Feindbilder, die dem Machterhalt bestimmter Politiker dienen sollen. Diese Politiker scheinen „aus Volkes Seele" zu sprechen, aber in Wirklichkeit lenken sie die diffusen Zukunftsängste der Bevölkerung ganz bewußt in die gewünschte Richtung. Hätten wir die Methoden der Propaganda im „Dritten Reich" besser studiert und den Spaltungsmechanismus als Herrschaftsinstrument auch in unserem Schulunterricht deutlicher gemacht, er wäre vielleicht heute weniger wirksam.

Aber auch auf der anderen, der „linken" Seite profitiert man von diesem Mechanismus. Hier werden in Opposition zu den Parolen der „Rechten" Parolen einer forcierten „Ausländerfreundlichkeit" ausgegeben und geglaubt. Das „Freundbild Ausländer" wird zur Waffe der „guten" Menschen gegen die (aus ihrer eigenen Sicht) „rechtschaffenen und sauberen" Menschen. Die einen wollen möglichst wenige „böse" Menschen ins Land lassen, die anderen möglichst viele „gute". Hätten wir die Folgen der verordneten Ausländerfreundlichkeit in der ehemaligen DDR (nämlich die jetzt um so größere Ausländerfeindlichkeit) besser verstanden, wir glaubten nicht, daß die bloße Umkehrung eines Feindbildes wesentliche Veränderungen im (gespaltenen) Bewußtsein der Bevölkerung bringt.

In beiden Reaktionen, in der Verteufelung und der Idealisierung von Ausländern, bleiben diese selbst fremd. Es findet kein Gespräch statt, aus dem hervorgehen könnte, weshalb die einzelnen zu uns kommen, welche Ängste und Hoffnungen wir in bezug auf ihr Kommen haben und in welcher Weise wir ihnen deshalb helfen wollen oder auch nicht. Die Ähnlichkeiten der Reaktionen in bestimmten Bevölkerungskreisen „rechts" und „links" gehen sehr weit: Da die Beziehungen zwischen Ausländern und Einheimischen ungeklärt bleiben, wird *jede* Berührung von den einen verteufelt, von den anderen verklärt. Man setzt sich weder mit der unter ihnen herrschenden Kriminalität auseinander noch mit den ihnen angebotenen oder aufgezwungenen, oft menschenunwürdigen Wohnverhältnissen. Für eine Entideologisierung der Ausländerdiskussion wären Politiker und Journalisten verantwortlich. Aber dazu müßten sie auf persönlichen Machtgewinn und auf die Produktion von „Sensationen", von künstlichen Gefühlen verzichten, die sich gut verkaufen und so kurzfristig Vorteile bringen. Sie müßten sich um die Probleme eines Flüchtlingsstromes kümmern, der mit einem Paragraphen in der Hand nicht aufzuhalten sein wird.

Vielleicht müssen wir sehen, daß und an welchen Stellen unsere „Demokratie" entgleist. Gerade am Beispiel der Asyldebatte kann man sehen, daß das, was hier geschieht, nicht mehr als „Herrschaft des Volkes" durch seine Vertreter bezeichnet werden kann. Hier findet vielmehr ein Kampf der einen gegen die anderen statt, in dem das Volk und seine Ambivalenzen gespalten werden. Leider wird diese Entgleisung in unserem Volk zu wenig gesehen. Sie wirkt sich vielleicht in der vielzitierten „Politikverdrossenheit" aus, aber diese Verdrossenheit führt nicht dazu, daß man auf die Wiederherstellung einer gesunden Demokratie drängt und die Repräsentanten des Volkswillens nach dem Grade ihrer eigenen Politikverdrossenheit auswählt. Ein in diesem Sinne nicht „verdrossener" Politiker wäre bereit, sich um die Probleme des Volkes zu kümmern und nicht nur um seine persönlichen Macht- und Besitzverhältnisse.

Die Floskel rechter Politiker „Ich habe nichts gegen Ausländer, aber ..." dient der Problemlösung ebenso wenig wie der Ritus der Diffamierung der rechtsextremen Parteien und ihrer Anhänger als „Gefahr für Deutschland" auf der „linken" Seite. Beide Rituale dienen der Selbstrechtfertigung, nicht der Aufklärung oder Bewältigung von Konflikten. Gemeinsam erklären die großen Parteien sich selbst und die kleine „dazugehörende" FDP als die „demokratischen" Parteien, womit sie sagen wollen, daß dies die „guten" Parteien sind. Die sie bedrohenden Parteien wollen sie dadurch aus der „Gemeinschaft der Demokraten" ausschließen. Die extremen Flügel des Meinungs- und Parteienspektrums werden dadurch im Inland zu „Ausländern" erklärt; die Szene, mit der wir nicht umgehen können, wiederholt sich. Gleichzeitig werden die so ausgeschlossenen Gruppierungen durch die Diffamierung gestärkt. Eigentlich müßte jeder einigermaßen fähige Politiker wissen, daß er durch fundamentalistische Thesen den Fundamentalismus unterstützt.

Eine Alternative zu dieser unglücklichen Entwicklung wäre es, die Ausländerfeindlichkeit und auch die Entdemokratisierung unserer Politik als *Symptome* unserer Gesellschaft zu verstehen. Sieht man ein Symptom und versteht man es als solches, dann muß man nach der zugrundeliegenden Konfliktsituation suchen, in diesem Fall nach der Orientierungslosigkeit, nach dem Gefühl der Ungeborgenheit und der hilflosen Identitätssuche in unserem Volk, nach der Angst vor sozialem und wirtschaftlichem Abstieg und dem zunehmenden Neid der Armen auf die Reichen. In einer Familie, in der ein Mitglied psychisch krank ist, so daß es in irgendeiner Weise sich selbst oder andere zerstört, müssen sich die sogenannten Gesunden fragen, was sie damit zu tun haben, ob sie vielleicht die Gewalt stellvertretend von dem Kranken ausüben lassen, um mächtig zu bleiben – in heimlicher Sympathie oder öffentlicher Empörung über die „Krankheit". Auch in der Diffamierung kann ein (unbewußter oder heimlicher) Auftrag stecken, jedenfalls soweit es bei der Diffamierung bleibt und nicht sinnvolle und wirksame Maßnahmen ergriffen werden, um der Gewalt ein Ende zu setzen.

Aber vielleicht brauchen wir in unserer gemeinsamen Angst einen gewissen Grad an Militarismus, dessen Begründung als nötiger Schutz gegen „den Osten" jetzt weggefallen ist, bzw. sich auch für die Vergangenheit als hohl erwiesen hat. Wenn die Identität eines Volkes nicht nur heißt: „Wir sind die Reichen", sondern auch „Wir sind die Starken", dann drückt sich das in der Größe seines Militärapparates aus. Die Größe dieses Apparates steht nicht nur in Beziehung zu objektiven Gefahren, die diesem Land drohen, sondern auch zu seiner Unfähigkeit, Konflikte auf friedliche Weise zu lösen. So kommt es der fehlenden Begründung für unsere Hochrüstung jetzt entgegen, wenn wir ein neues Feindbild aufbauen, das der „Habenichtse, die in großer Gier bei uns einfallen". Mit diesem Feindbild werden gleichzeitig unsere Schuldgefühle den Menschen im Osten und Süden gegenüber umgewandelt: Wir können weiter die Starken sein, auch wenn dies unserer wirklichen Bedrohung wieder einmal nicht entspricht, und wir brauchen uns weiterhin nicht um den Abbau des Wohlstandsgefälles zu kümmern. Diejenigen, die wir ausbeuten, sind ja „gefährlich".

Eine Möglichkeit, diese Problematik wirklich sinnvoll aufzulösen, sehe ich nur jeweils in dem Versuch, dort Kontakte aufzunehmen und zu pflegen, wo Feindbilder entstanden sind. Die Fremdheit muß aufgehoben werden, und das ist nur möglich parallel zur Aufhebung der eigenen Entfremdung. Wer sich selbst fremd ist, dem sind auch viele andere Menschen fremd. Er hat nicht den Wunsch, sie kennenzulernen, er fürchtet sich vor dem Kontakt und versucht, die Fremden und das Fremde zu beseitigen. Wie in der eigenen Person, so muß für ihn auch im eigenen Volk „alles gleich" sein. Ein Prozeß des zunehmenden Erkennens der eigenen Person in ihrer Vielfalt ist deshalb die beste Grundlage dafür, daß man sich selbst im „Feind" wiederzuerkennen lernt. Der Stärkere hat es leichter, auf den Schwächeren zuzugehen und ihn aufzunehmen, als umgekehrt. Die Riten der Gastfreundschaft in vielen Kulturen haben die Funktion, die Angst vor der Fremdheit auf beiden Seiten abzubauen. Häufig schenkt man sich gegenseitig etwas. Wenn man sich etwas gegeben hat, fühlt man sich als „Freund" und greift sich nicht mehr an.

Ist dann etwas mehr Vertrauen entstanden, dann kann auch die Andersartigkeit des Fremden bleiben. Er muß nicht „assimiliert" werden, weil seine Andersartigkeit die Lebensart der Gastgeber zu sehr in Frage stellen würde. Der Zwang zum „Gleich-Sein" löst sich auf, was dem Gastgeber selbst nur guttun kann. Denn wenn die „anderen" nicht mehr „gleich" sein müssen, dann löst sich auch der eigene Zwang zum Gleich-Sein und damit die innere Monotonie auf. Es geht nicht nur um den Aufbau einer „multikulturellen Gesellschaft" (die haben wir teilweise schon), sondern auch um eine Erweiterung der Variabilität der akzeptierten Meinungen und Lebensformen in unserem eigenen Volk.

Wenn sich fremde Menschen einander friedlich annähern wollen, ist es nicht nur wichtig, Kontakt aufzunehmen und ein Bewußtsein für die Vielfältigkeit menschlicher Lebensweisen zu entwickeln. Es ist auch wichtig, die *Grenzen zu pflegen*. Ich habe schon beschrieben, wie die Unsicherheit über die eigene Identität zu einer Verhärtung der Grenzen eines Individuums, aber auch einer Gemeinschaft führt. Um die Grenzen sicherer, und das heißt in diesem Fall: deutlicher, elastischer und durchlässiger zu machen, muß also die Unsicherheit über die eigene Identität verändert werden. Das kann man nur im Gespräch erreichen, und dieses Gespräch muß „an der Grenze" stattfinden.

Mir fällt auf, daß es an unseren Grenzen, an den geographischen wie auch an den zwischenmenschlichen Grenzen, eher um

Gewalt geht als um das Gespräch. Es stellt sich die Frage, wer stärker ist, die „Eindringlinge" oder die „Verteidiger". Wir verteidigen unseren Wohlstand, indem wir nicht wirklich Handel treiben mit den Völkern der Dritten Welt; darin läge für sie eine Chance, sich ihren eigenen Wohlstand zu erarbeiten. Statt dessen schotten wir uns ab durch hohe Einfuhrzölle, in der (wahrscheinlich berechtigten) Angst, sie könnten uns die Arbeitsplätze wegnehmen, weil sie mit weniger Lohn und Wohlstand zufrieden sind. Eine Folge dieser Abschottung ist die, daß sie nun selbst an unseren Grenzen stehen, und wir sie wieder abweisen. Wer aus Gründen der Armut kommt, wird abgewiesen, da wir wirtschaftliche Gründe nicht anerkennen. Aber wir selbst wenden wirtschaftliche Gründe an, wenn wir nur die „Brauchbaren" unter den Bittstellern heraussuchen.

Ein echter Kontakt an den Grenzen würde bedeuten, daß die Bedürfnisse *beider* Seiten respektiert werden. Dabei müssen die wirklichen Ängste und das Mißtrauen auf beiden Seiten ebenso offen zu Wort kommen wie humanitäre Gründe und wirtschaftliche Interessen. Alles, was „an der Grenze" besprochen und verhandelt werden kann, ist innerhalb einer Person und einer Gesellschaft „zugelassen" und damit lebensfähig. Insofern könnte ich mir vorstellen, daß ein aktiver und differenzierter Umgang mit den gegenwärtigen und in Zukunft wohl noch wachsenden Flüchtlingsströmen unserem Volk die Entwicklung einer neuen, gesunden Identität ermöglichen könnte.

Sexueller Mißbrauch –
wie Opfer zu Tätern werden

Bis vor kurzem war unsere Gesellschaft blind für eines der destruktivsten Gewaltphänomene in zwischenmenschlichen Beziehungen, den sexuellen Mißbrauch von Kindern innerhalb und außerhalb der Familie. Erst allmählich und unter großen Schwierigkeiten löst sich der doppelte Boden unseres kollektiven Bewußtseins auf, und es kommen Realitäten ans Tageslicht, Realitäten, die wir schon seit nahezu 100 Jahren hätten kennen können, da Freud als einer der ersten in seinen Analysen auf den sexuellen Mißbrauch seiner Patientinnen in deren Kindheit stieß. Aber Angst und Schuldgefühle machten und machen dieses Wissen immer wieder unbewußt, bei Freud selbst wie auch ganz allgemein in unserer Gesellschaft und in den vielen Einzelsituationen, in denen sexueller Mißbrauch geschieht.

Aus meiner Sicht ist die Psychoanalyse vor allem eine Beziehungstheorie und damit auch eine Gesellschaftstheorie. Das bedeutet, daß sie sich mit intrapsychischen und interpsychischen Beziehungen in unserer Gesellschaft beschäftigt. Als Teil dieser Gesellschaft wird sie dabei zwangsläufig von den jeweils aktuellen kollektiven Abwehrmechanismen beeinflußt. Aber sie beeinflußt auch ihrerseits diese Strukturen, indem sie sie entweder in ihrer Theorie wiederholt und dadurch bestätigt und stützt, oder indem sie sie kritisch in Frage stellt. Nur in dem Maße wie sie es wagt, gesellschaftliche Strukturen in Frage zu stellen und auch ihre eigene Theoriebildung selbstkritisch in bezug zum gesellschaftlichen Bewußtsein zu reflektieren, kann sie unbewußte Strukturen aufdecken und so emanzipatorische Prozesse in Gang setzen.

Ich möchte diese These anhand der Frage nach der Täter-Opfer-

Problematik bei sexuellem Mißbrauch ausführen. Dazu muß ich auch die psychoanalytische Theorie und Praxis kritisch hinterfragen und herausarbeiten, inwiefern wir Psychoanalytiker/innen nur dem allgemeinen Trend gesellschaftlicher Erkenntnisinteressen folgen und wo wir fähig sind, diese Erkenntnisinteressen aus unserer Sicht um den Blick auf bisher unbewußte Inhalte zu erweitern.

Wer ist der Täter? –
Das „Kipp-Phänomen" in der psychoanalytischen Inzest-Theorie

Es ist allgemein bekannt, daß sich in der psychoanalytischen Theoriegeschichte ein Prozeß abspielte, der aus meiner Sicht einer Wiederholung der Szenen gleichkommt, um die es ging und geht. In seinem ersten Ansatz glaubte Freud an den Wahrheitsgehalt der Berichte seiner in der Kindheit mißbrauchten Patientinnen, und er sah auch, daß der Mißbrauch, dem sie als Kinder hilflos ausgeliefert waren, lebenslange pathogene Folgen für die Frauen hatte. Dann entwickelte er die Ödipustheorie[1], nach der nicht die Eltern die Täter sind, sondern die Kinder in einem gewissen Alter „von Natur aus" inzestuöse Phantasien entwickeln. Schuldgefühle wegen dieser Phantasien und Wünsche seien die Grundlage der späteren Störungen, so dachte er damals. Der Junge müsse solche Wünsche wegen der Kastrationsdrohung des Vaters aufgeben, während das Mädchen an den Wunsch nach einem Kind vom Vater gebunden bleibe.

Obwohl die Verführungstheorie (die Theorie, daß die Kinder von den Eltern verführt werden und nicht umgekehrt) in Freuds späteren Schriften gelegentlich wiederzufinden ist, hat er doch offensichtlich hier seine Theorie an die Abwehrmechanismen seiner Zeit angepaßt. Für Erwachsene ist es auch heute noch leichter, sich vorzustellen, daß ihre Kinder *naturgemäß* inzestuöse Wünsche und Phantasien haben, die ebenso natur- und altersgemäß wieder verschwinden, als sich vorzustellen, daß ihre Kinder auf ihre eigenen Phantasien, auf die Phantasien der Erwachsenen, reagieren und sich gegen deren (grenzverletzende) Übergriffe nicht wehren können.

Die Kinder sind diesen Phantasien und Übergriffen ausgeliefert, nicht nur weil sie körperlich schwächer sind, sondern auch weil sie auf eine gute Beziehung zu ihren Eltern physisch und psychisch angewiesen sind. Jedes Kind hat die Tendenz, die Probleme der Eltern als eigene Schuld in sich aufzunehmen, um so die Eltern von allem „Bösen" zu „reinigen" und das für seine Entwicklung nötige „Dach", eine gesunde und friedliche Elternbeziehung, wenigstens in der Phantasie aufrecht zu erhalten oder herzustellen. Freud sah zwar die Schuldgefühle der (ehemaligen) Kinder, aber er sah nicht, daß sie diese Gefühle entwickelt haben, um die Eltern zu entlasten und zu stützen, indem sie deren Weltbild (und darin vor allem die Phantasie von der Unschuld der Eltern) als für sich und für die Allgemeinheit gültig akzeptieren.

Alice Miller[2] war innerhalb der psychoanalytischen Theoriebildung die Autorin, die am deutlichsten wieder den sexuellen Mißbrauch als nicht zu verleugnendes Faktum betonte und dazu das Konzept entwickelte, daß die Kinder ein „falsches Selbst" ausbilden, um sich an die Erwartungen der Eltern anzupassen. Ähnliche Vorstellungen finden sich bei H. E. Richter[3], der in einem ersten familiendynamischen Konzept die Prägung der kindlichen Identität durch die Rollenerwartungen der Eltern hervorhob. Der sexuelle Mißbrauch der Kinder im engeren und im weiteren Sinn wurde von H. E. Richter allerdings noch kaum berücksichtigt.

Wir haben es also in der psychoanalytischen Theoriebildung mit einer Bewegung und einer Gegenbewegung zu tun. Zunächst sagte Freud: Die Eltern und andere Erwachsene schädigen die Kinder. Dann nahm er das zurück: Nein, es sind nur die Wunschphantasien der Kinder, die solche „Erinnerungen" hervorrufen. Alice Miller wiederum betonte die Rolle der Eltern als Täter und die der Kinder als Opfer, was zu einer mir oft einseitig erscheinenden Verurteilung und Anklage der Eltern führte. Aus meiner Sicht fehlt in dieser Theorie ein Verständnis des familiären Systems, in das jeder Mensch hineingeboren wird und an dem er sich notgedrungen beteiligt, sei es als Täter, sei es als Opfer.

Verdrängung, Verharmlosung und Faszination –
die spontanen Reaktionen auf sexuellen Mißbrauch

Manche dieser Reaktionen der psychoanalytischen Theoriebildung entsprechen den spontanen Reaktionen auf sexuellen Mißbrauch in unserer Gesellschaft und in jedem einzelnen von uns. Die Angst vor diesem Geschehen führt häufig zur Verdrängung (Nicht-Wahrnehmung), zur Verharmlosung (für „normal" erklären) oder auch zur bloßen Empörung über die Täter. In keiner der drei Reaktionen wird nach Möglichkeiten der Veränderung gesucht. Die Funktion der oft demonstrativen Empörung kann darin bestehen, daß der/die sich Empörende sich auf die Seite der „Guten" zu stellen versucht, und so weniger Angst vor Vernichtung, Verurteilung und Ausstoßung haben muß. Genau diese Elemente sind schon in der Szene des sexuellen Mißbrauchs selbst enthalten. Im Umgang mit diesem Geschehen besteht deshalb die Gefahr, daß man selbst Opfer von Vernichtung, Verurteilung und Ausstoßung wird. Durch die eigene (demonstrative) Empörung hofft man, sich dieser Gefahr zu entziehen.

Ganz allgemein kann man sagen, daß die verschiedenen spontanen Reaktionen wie Verdrängung, Verleugnung, Verharmlosung, moralische Distanzierung, Verschiebung der Schuld auf die Kinder, aber auch voyeuristische Faszination, eine Flucht aus der Beziehung bedeuten. Sie bewirken, daß sowohl das Opfer als auch der Täter oder die Täterin alleine gelassen wird. Wir alle empfinden Angst bei der Vorstellung, als Kinder von unserem Vater oder unserer Mutter zu deren sexueller Befriedigung „benutzt" worden zu sein, womöglich unter physischem oder psychischem Zwang. Diese Angst wird auch belebt, wenn wir von entsprechenden Vorgängen hören und sprechen. Sie verwandelt sich schnell in Wut, Empörung und Entsetzen. Manchmal wird sie auch triumphierend verleugnet, um aushaltbar zu sein „Warum soll ich nicht mit meiner Mutter – meiner Tochter – schlafen? Das ist doch ganz normal und natürlich und ganz besonders schön. Welches Naturgesetz verbietet das eigentlich?"

Auch in Psychotherapien oder Beratungen kann man oft sehen,

wie sich Therapeuten/innen oder Berater/innen mit Hilfe der genannten Abwehrmechanismen von dem Geschehen distanzieren, durch empörte Anklagen ebenso wie durch faszinierte Inquisition. Auch Therapeuten/innen und Berater/innen haben oft Angst, die Dynamik des Inzests im jeweiligen Fall genauer anzuschauen und sich mit ihren Gefühlen voll darauf einzulassen. Sie können die vollständige Szene nicht in sich „zusammenhalten". So können sie nicht sehen, daß sowohl im Täter als auch im Opfer immer beide Seiten der Gewaltszene vorhanden sind: die des Gewaltausübenden und die des ihm hilflos ausgelieferten Opfers. Dem Kind als Opfer wird diese Szene durch die Tat „eingeprägt", während der Täter seine eigene „Prägung" in der Tat stets wiederholt.

Zur Abwehr der schwer erträglichen Spannung in dieser Szene und der in ihr enthaltenen Angst tendieren auch manche Helfer dazu, die Szene nach Kategorien von Gut und Böse zu spalten. Das Opfer wird als „gut" gesehen, der Täter als „böse". Durch diese Spaltung muß man den Schmerz und die Angst des Opfers nicht voll erleben, und auch nicht die suchtartige Vermeidung derselben Angst beim Täter. Man muß nicht sehen, wie dieser durch die Wiederholung dessen, was ihm angetan wurde – nun als Täter – seine Verletzung zu heilen versucht. Man ist als Helfer zum „Richter" geworden, dadurch aber auch gefangen in den Spaltungen der gewalttätigen Szene.

Ein Ausdruck dieser Gefangenschaft ist der Loyalitätskonflikt, in dem sich jeder Helfer befindet, der mit dem Geschehen zu tun hat. Wenn die Helfer die Not der Täter verstehen, so glauben sie oft systemkonform, dann würde das bedeuten, daß sie die Not der Opfer nicht mehr ausreichend würdigen, daß sie die Opfer verraten und das Verhalten der Täter billigen, ja daß sie selbst auf diese Weise mit zum Täter werden. Die Täter-Opfer-Schaukel hat starke Tendenzen „umzukippen". Sie kippt auch in beiden Personen selbst, im Opfer und im Täter (zum Teil unbewußt), hin und her. Beide, Opfer und Täter, aber auch die mit den Opfern bzw. den Tätern identifizierten Helfer, fühlen sich in dieser Szene abwechselnd entweder „gut" und „unschuldig", weil verführt und mißbraucht, oder „böse" und „schuldig". So wird ständig auch die Schuld hin- und hergeschoben. Es ist nicht verwunderlich, daß jeder Helfer und jede Helferin von diesem System mit ergriffen wird. Eventuell vor dem Hintergrund eigener entsprechender Erfahrungen in der Kindheit übernimmt man zunächst einmal – wie damals – das System, in dem man sich befindet.

Nun gibt es verschiedene Möglichkeiten, sich als Dritte/r in diesem System zu verhalten: Man kann (scheinbar) nichts wahrnehmen, man kann den Täter inquisitorisch verfolgen, man kann das Opfer beschuldigen, man kann sich zum Richter machen, und man kann das Leid und die Not aller Beteiligten in sich spüren und mit ihnen zusammen einen Ausweg aus der sich ständig wiederholenden Gewaltszene suchen. Diese letzte Möglichkeit ist oft sehr schwer zu verwirklichen; zu viele Widerstände bei den Beteiligten und bei den Helfern stehen dem entgegen. Die erste Reaktion auch der Helfer/innen ist deshalb zumeist, Partei zu ergreifen zugunsten des Opfers und gegen den Täter. Soweit sie Feindbilder brauchen, um in diesem Konfliktfeld überhaupt handeln zu können, und das Handeln gegen einen mißbrauchenden Vater (z. B. Entzug des Kindes oder Gefängnisstrafe für den Vater) von ihnen mit Schuldgefühlen erlebt wird, muß der Täter im Bewußtsein der Helfer „böse" sein, damit sie das Opfer retten können.

Nur selten gelingt auch der zweite Schritt, der aus dem gespaltenen System herausführt, nämlich eine eigene, dritte Position einzunehmen und dabei Partei für alle, für jeden einzelnen, zu ergreifen. Um diesen Schritt machen zu können, ist es notwendig, die Spaltungsvorgänge in dem gewalttätigen System zu verstehen: Es ist bekannt, daß Frauen lebenslang darunter leiden, daß sie die Schuld für das auf sich genommen haben, was ihnen angetan wurde, und daß sie sich ein Leben lang dafür schämen, was ihnen angetan werden konnte. Zumeist hatten sie keine Möglichkeit, ihre Angst und ihren Schmerz wirklich zu spüren und auch zu äußern, und so verwandelten sie diese Gefühle in Gefühle der (eigenen!) Schuld. Damit es trotz und nach dem Mißbrauch „irgendwie gut weitergeht", identifizieren sie sich mit dem Täter und entschuldigen ihn dadurch, daß sie sich selbst und ihre Sexualität (mehr oder weniger bewußt) für schuldig erklären. Daraus resultiert ein grundsätzliches Gefühl von Wertlosigkeit und „Böse-Sein". Die Frauen fühlen sich „schlecht" im doppelten Sinne des Wortes. Zur Kompensation dieses sie das ganze Leben begleitenden Gefühls, etwas „Böses" in sich zu haben, wird nicht selten das (unbewußte) Angebot gemacht, die Szene wieder und wieder als Opfer zu wiederholen. Das Angebot: „Nimm mich und mißbrauche mich" kann aus dieser Sicht auch als ein Versuch verstanden werden, doch irgendeinen Wert zu haben, und sei es der (sexuelle) „Marktwert", der dem kleinen Mädchen in Verkennung und Mißachtung seiner Person einst zugeschrieben wurde.

In einer großen Befreiungsaktion haben nun viele Frauen – im Rahmen der Frauenbewegung – diese Schuldverschiebung erkannt und die Schuld an die mißbrauchenden Männer und Väter zurückgegeben. Häufig wurden dabei die Männer pauschal verurteilt, damit aber auch ausgestoßen aus der Gemeinschaft derer, die sich ernsthaft im Gespräch mit dem Problem befassen. Ein Mann, der sich in solchen Diskussionen aus seiner Sicht zu äußern versuchte, wurde oft als von vorneherein unglaubwürdig angesehen und abgewiesen.

Dieser Vorgang ist als Ausdruck des Wiederholungszwangs verständlich, wiederholt sich hier doch in umgekehrter Rollenverteilung die Definitionsmacht des Täters und die Sprachlosigkeit des Opfers. Ohne eine erste Rollenumkehr, ohne ersten empörten Widerstand gegen Gewalt und Verdrängung konnte das Thema nicht auf den Tisch gebracht werden. Würden wir aber bei dieser Wiederholung mit vertauschten Rollen stehen bleiben, dann entginge uns die Möglichkeit, das Geschehene aufzuarbeiten und dadurch die Wiederholung – eventuell in der nächsten Generation – zu verhindern. Eine Verarbeitung dessen, was jeweils geschehen ist, nicht zuletzt unter kritischer Einbeziehung der gesellschaftlichen Rollenverteilung, ist nur möglich, wenn *alle* Beteiligten miteinander ins Gespräch kommen. Denn die Grundlage des sexuellen Mißbrauchs auf der Beziehungsebene besteht in der

Vermeidung des Gesprächs, in der Entwertung der Gefühle und Wünsche des Opfers.

Ich werde auf die Möglichkeiten, den Konflikt ohne Schuldgefühle auszuhalten, zurückkommen. Zunächst möchte ich mich noch mit den psychischen Vorgängen in den Opfern beschäftigen, die zumeist den Konflikt nicht aushalten können, sondern ihn zwangsläufig in selbstschädigender Weise verarbeiten.

Opfer werden zu Tätern und Täterinnen – die unterschiedliche Verarbeitung des Traumas bei Jungen und Mädchen

„Mädchen geben nach, Jungen halten durch", so oder ähnlich könnte man die Rollen von Frauen und Männern in unserer Gesellschaft sehen. Diese Rollenzuschreibungen wirken sich darauf aus, wie Mädchen und Jungen ihre Kindheitstraumen verarbeiten. Sie haben auch Auswirkungen auf die häufigsten Sexualstörungen bei Frauen und Männern und auf die Wiederholungen der Mißbrauchsszenen (im engeren und im weitesten Sinn) in Paarbeziehungen (Vergewaltigung in der Ehe) und in Eltern-Kind-Beziehungen (Wiederholung des als Kind erfahrenen Mißbrauchs an den eigenen Kindern oder an Kindern aus der Verwandtschaft und Bekanntschaft).

Mädchen versuchen zumeist, ihre Verletzung durch Übernahme der Schuld und durch Einfühlung in den Aggressor zu bewältigen. Aufgrund ihrer körperlichen Unterlegenheit, aber auch aufgrund der ihnen gesellschaftlich zugewiesenen Rolle, bleibt ihnen oft keine andere Möglichkeit, als sich äußerlich mit dem Geschehen einverstanden zu erklären. Da die Diskrepanz zwischen äußerem Geschehenlassen und innerem Protest nicht auszuhalten wäre, stellt sich fast immer auch ein inneres Einverständnis her, das mit der Entwertung der eigenen Person und der Abspaltung von „Marktwerten" (sexuelle Attraktivität, „gutes" Aussehen, „Macht" über die Männer wegen der als Kind erworbenen besonderen Einfühlungsfähigkeit usw.) einhergeht.

Nicht wenige Mädchen werden indirekt mißbraucht. Sie werden dabei von ihren Bezugspersonen nicht direkt in sexueller Absicht an den Genitalien oder an der Brust berührt oder zu Masturbation und Koitus gezwungen. Der Mißbrauch zeigt sich hier in „anerkennenden" oder abwertenden Beurteilungen ihrer körperlichen Formen von seiten des Vaters oder anderer Männer, häufig auch von seiten der Mutter. Diese Äußerungen sind Ausdruck eines sexualisierten Familienklimas, in dem Grenzüberschreitungen und Entwertungen an der Tagesordnung sind. Sehr viele Väter sind, vor allem in der Pubertät ihrer Töchter, aber oft auch schon vorher, ständig damit beschäftigt, die Beine, die Brust, das Gesicht ihrer Töchter als „hübsch" oder „häßlich" zu beurteilen. Die Töchter reagieren darauf nicht selten mit Eßstörungen oder auch mit anderen Symptomen; sie fürchten sich vor ihrer eigenen Pubertät.

Nun wird, auch in verschiedenen Theorien, häufig angenommen, daß nur die Entwertung, also die Aussage: „Du bist häßlich", schädigend sei, während das „Lob" die jungen Frauen in ihrem Selbstwert stützen würde, ja daß sie es für die „gesunde" Entwicklung ihres Selbstwertgefühls als Frau dringend bräuchten. Ich bin im Lauf meiner Untersuchungen zur Psychodynamik des sexuellen Mißbrauchs zu anderen Überlegungen gekommen. Aus meiner Sicht ist auch das „Lob", das (nicht immer, aber häufig) zu entsprechenden Berührungen führt, ebenso traumatisierend wie die Diffamierung als „häßlich". Das „Lob" zeigt die Faszination des Vaters durch die Tochter deutlich, während in der Diffamierung der Kampf des Vaters gegen sein Von-der-Tochter-angezogen-Werden nur indirekt erkennbar wird. Indem der Vater seine Faszination verneint, kann er sich ständig mit seinen sexuellen Phantasien in bezug auf die Tochter beschäftigen, ohne selbst wahrzunehmen oder verdächtigt zu werden, daß er solche Phantasien hat. Scheinbar lehnt er ja die Tochter ab.

Diffamierte Töchter halten sich oft lebenslang für häßlich und haben deshalb Schwierigkeiten, sich selbstbewußt, als ganze Person, einem Mann zu nähern. In der Rückschau phantasieren sie, daß es ihnen nicht so ginge, wenn der Vater sie für „schön" gehalten hätte. Für „schön" erklärte Töchter müssen aber ständig ihre

Schönheit bewahren, denn nur sie verleiht ihnen ihren Wert. Sie fürchten deshalb das Alter, da sie dann ihren „Marktwert" als junge und attraktive Frau zu verlieren drohen und auf den „wertlosen Rest" ihrer Person zurückgeworfen werden. Gleichzeitig müssen sie ihre Schönheit fürchten, denn sie ist in diesen Fällen in der Phantasie zum „Lockmittel" für sexuelle Grenzüberschreitungen geworden.

Die Aufwertung durch den Vater wird häufig von der Mutter mit ambivalenten Gefühlen gefördert. Einerseits kann es sein, daß sie sich darüber freut, daß die Tochter stellvertretend für sie „schön" ist und vom Vater begehrt wird. Manche Mütter glauben aufgrund ihrer eigenen Geschichte, daß Töchter diese „Bestätigung" des Vaters brauchen. Andererseits aber ist sie zumeist auch neidisch und eifersüchtig auf die Tochter, weil diese die ganze Aufmerksamkeit ihres Mannes genießt. Und schließlich schieben Mütter bewußt oder unbewußt auch oft ihre Töchter zwischen sich und ihren Mann, um dadurch dessen sexuellen Wünschen entgehen zu können. Auch die Abwertung der Tochter durch den Vater findet eine Resonanz bei der Mutter. Einerseits fühlt sie sich beruhigt, daß die Rivalin scheinbar nicht gefährlich ist, andererseits leidet sie wohl auch gelegentlich mit der Tochter, in dem (unbewußten) Wissen, daß es sich hier um eine Form des Mißbrauchs handelt, an der sie allerdings selbst beteiligt ist.

Mütter, die selbst in irgendeiner Weise mißbraucht wurden, werden häufig zu Täterinnen, sei es als (unbewußte) Mitwisserin dessen, was der Vater oder andere Männer mit dem Kind machen, sei es, daß sie sich selbst am Körper der Kinder die sexuelle Aufregung und die Befriedigung verschaffen, die sie in der Beziehung zu ihrem Partner (vor allem auch, wenn sie keinen Partner haben) nicht erreichen oder nicht zulassen können. Eine Frau, die selbst erlebt hat, daß „man" sich gegen die übergreifenden Wünsche des Vaters nicht wehren kann und darf, kann auch ihre Tochter oder ihren Sohn nicht gegen den Vater schützen. So schaut sie oft lieber weg als hinzusehen und das Kind zu schützen. Oder sie verwandelt ihre eigene Passivität als Kind jetzt selbst in Aktivität, das heißt, sie beginnt, ihre Kinder mehr oder weniger direkt als Sexualobjekte zu mißbrauchen. Beim Waschen und Baden der Kinder spielen sich dann häufig scheinbar harmlose, aber doch grenzverletzende Szenen ab, in denen deutlich zu spüren ist, daß auch Mütter ihre abgespaltenen sexuellen Bedürfnisse heimlich – oft verborgen vor dem eigenen bewußten Wissen – an kleinen Jungen und Mädchen befriedigen. Dies ist eine Art der (Ersatz-)Befriedigung, die ihnen nicht zu viel Angst macht, da sie das Geschehen einem Kind gegenüber selbst steuern können und ihm nicht, wie früher den Eltern, passiv ausgeliefert sind. Oft erinnern nur „seltsame" Symptome der (früheren) Kinder an dieses Geschehen (vor allem bestimmte Phobien), an die Gewalt, die den Kindern geschehen ist, ohne daß diese sie selbst als solche wahrnehmen konnten.

Über die Mißbrauchsbeziehung im engeren und im weiteren Sinn tradiert sich die Abspaltung der Sexualität von Generation zu Generation. Das Kind bräuchte Verständnis von seinen Eltern in dem Sinne, daß sie sich mit ihm als dem Jungen oder dem Mädchen, das er/es ist, „verständigen". Eine solche dialogische Beziehung würde den geschützten Raum darstellen, in dem das Kind sich entwickeln und seine Erfahrungen mit der Welt machen kann. In einer solchen Verständigung wäre sein Platz als Kind respektiert, und es wäre vor Übergriffen und Entwertungen geschützt. Statt dessen hört es: „*Du* interessierst mich nicht, sondern dein Körper, deine Sexualität."

Aus dieser Art, den Kindern zu begegnen, entwickeln sich typische Mißverständnisse in der Beziehung, die sich auf spätere Paarbeziehungen auswirken. Da die Sexualität von der übrigen Person abgespalten erlebt wird, können die Kinder nicht unterscheiden, ob sie als Kinder oder als Sexualobjekte gemeint sind. So kann es kommen, daß Männer jede Annäherung einer Frau als sexuelle Aufforderung verstehen, und sich für wertlos („schwach") halten, wenn sie dieser Aufforderung nicht nachkommen (können). Mädchen und Frauen wiederum phantasieren sich in diesem Mißverständnis sofort als Sexualobjekt, das sich (erfolgreich) anbieten und alles mit sich machen lassen muß, um wertvoll zu sein. Sogar einen Orgasmus muß die Frau haben oder vorspielen, damit der Mann keine Schuldgefühle bekommt und sich großartig und erfolgreich fühlen kann. Immer geht es darum, den anderen, ursprünglich die Eltern, zufriedenzustellen und zu bestätigen. Das falsche Ja zu den Bedürfnissen der Eltern und die Tendenz, die eigenen Gefühle und Wünsche zu mißachten, führt bei beiden Geschlechtern zu den jeweils typischen Sexualstörungen: Der Körper der Frauen sagt stellvertretend für sie Nein, und die Männer kämpfen unter der Devise „ich muß es schaffen" ständig gegen die Angst, in irgendeiner Weise impotent zu sein.

Die Reaktionen der Jungen auf den Mißbrauch durch Vater und Mutter blieben bisher noch mehr im Verborgenen als die der Mädchen. Das liegt aus meiner Sicht einerseits daran, daß eine der Frauenbewegung entsprechende Männerbewegung bisher fehlt. Andererseits haben Männer aber auch größere Schwierigkeiten, sich an Mißbrauchshandlungen und mißbräuchliche Beziehungsformen, denen sie als Kinder hilflos ausgeliefert waren, zu erinnern. Sie müßten sich dazu an Angst- und Ohnmachtsgefühle erinnern, die sie zumeist entsprechend ihrer „männlichen" Rolle verdrängt haben. Da ein „richtiger" Mann nicht ohnmächtig oder wehleidig ist, und „sowieso immer nur das eine will", nehmen Jungen ihren eigenen Mißbrauch kaum wahr, es sei denn, daß direkte körperliche Gewalt angewendet wird. Aber auch diese Gewalt verfällt häufig, wie bei den Mädchen, der Verdrängung.

Die Angst verwandelt sich bei Männern sehr schnell in Phantasien über die eigene Gewalttätigkeit, wodurch sie dann zu „patriarchalischen" Tätern werden. Während Frauen zumeist lieber „gut" als „böse" sind und deshalb leicht zu Opfern offener Gewalt werden bzw. oft kämpferisch auf ihrer Rolle als Opfer bestehen, sind Männer im allgemeinen lieber „böse" als hilflos. Würden sie öffentlich über ihre Ängste sprechen, sie müßten sich noch mehr schämen als die Frauen, die seit einiger Zeit im Schutz der Frauenbewegung kollektiv und anklagend in die Öffentlichkeit gehen.

Das Bild der ohnmächtigen und ausgebeuteten Frau ist mit dem Bild der „richtigen" Frau in unserer Gesellschaft leichter zu vereinbaren als das Bild eines ohnmächtigen, verwirrten, ängstlichen Jungen oder Mannes mit dem des „richtigen" Mannes. Aus diesem Grund versuchen schon die kleinen Jungen ihre (psychischen oder auch körperlichen) Verletzungen durch „Schießen" mit allerlei Stöcken und „Pistolen" auszugleichen. Die Gewalt, die ihnen angetan wurde, verwandelt sich so in ihre eigene Gewalt, die sie anderen antun, das gibt ihnen ein Gefühl von Sicherheit. Wegen der Abspaltung auch ihrer Sexualität bleiben sie aber fixiert an Erregungsmöglichkeiten, die durch intensive äußere „Reize" ausgelöst werden, so z. B. auch durch die Körperformen ihrer Töchter.

Eine andere Variante, mit der Verletzung fertig zu werden, ist das Angebot des Jungen als „Softie" an die Mutter und an alle anderen Frauen. In diesem Angebot steckt einerseits der Sieg als „besserer Mann" über den „brutalen" Vater, andererseits aber oft auch ein tiefes Minderwertigkeitsgefühl als Mann. Das Gefühl, ein Mann zu sein, beruht dann nicht darauf, daß man ein Mann *ist* und alle seine Gefühle selbstverständlich als solcher hat, sondern es bleibt abhängig von der Beurteilung der Frauen, die – je nachdem – einen „starken" (gewalttätigen) oder einen „sanften" (nur auf ihre Bedürfnisse eingestellten) Mann für wertvoll halten. In beiden Verkleidungen, als „Softie" und als „Macho", verzichtet der Mann auf sein wirkliches Mann-Sein, weil er seine Wünsche und Gefühle (zum Teil unbewußt) an die Erwartungen anderer anpaßt.

Die Verwandlung der kindlichen Opfer in erwachsene Täter ist also eine Folge des Wiederholungszwangs. Die in der Kindheit erlebten Szenen werden ein Leben lang wiederholt, als Opfer und als Täter. Wie kann man aber dann noch Opfer und Täter unterscheiden? Fehlt dann nicht eine klare Grenze zwischen beiden? Zumeist unterscheiden wir Opfer und Täter danach, wer offensichtlich wem etwas antut, wer einen Gewinn aus dem Geschehen zieht, und wer darunter leidet. In der Mißbrauchsbeziehung zwischen einem Erwachsenen und einem Kind ist diese Unterscheidung noch relativ einfach, obwohl bei genauem Hinsehen eine schwerwiegende Schädigung des Kindes gerade darin besteht, daß es versucht, die eigene Verletzung in einen Gewinn für sich zu verfälschen. In der Wiederholung dieser Szenen zwischen Erwachsenen gilt uns das Kriterium, ob einer der beiden gequält wird, als Beweis dafür, daß dieser das Opfer ist. In einer heterosexuellen Beziehung ist es zumeist die Frau. Diese Unterscheidung zwischen Opfern und Tätern ermöglicht es, dem, der offensichtlich leidet, zu helfen. Kinder und Frauen, die körperlicher Gewalt von Vätern und Männern ausgeliefert sind, können so in Kinder- und Frauenhäusern oder in ähnlichen Einrichtungen in Sicherheit gebracht werden.

Aber das ist nur der erste Schritt in der Hilfeleistung. Weitere Schritte, die darauf abzielen, daß sich das Geschehen nicht in der nächsten Generation wiederholt, müssen von einer erweiterten Definition des Opfer- und Täter-Seins ausgehen. Wenn man die Unterscheidung zwischen Opfer und Täter nicht dazu braucht, um sich von dem Geschehen zu distanzieren, dann kann man sehen, daß alle Täter selbst einmal Opfer waren und daß sie jetzt ihre Szenen in einer komplizierten Mischung von Opfer- und Täterrollen wiederholen. Dann wird einem die Hilfsbedürftigkeit auch der gegenwärtigen Täter bewußt und vor allem die Notwendigkeit, den gegenwärtigen Tätern zu helfen, um die gegenwärtigen Opfer auch auf diese Weise zu schützen.

Um die komplizierte Mischung des Täter- und Opfer-Seins zu erfassen, wurde in der Psychiatrie der Begriff Sadomasochismus eingeführt. Er macht deutlich, daß beide Partner beide Seiten, die des Quälenden und die des Gequälten, in sich haben und gemeinsam die Szenen sexueller Qual mit verteilten Rollen suchtartig ausleben. Leider wird im allgemeinen Bewußtsein auch diese Szene gespalten. Der „Sadist" gilt als „böse", gelegentlich auch als „kraftvoll", während der „Masochist" häufig als „ selber schuld, er will es ja nicht anders" entwertet wird. Auch diese Spaltung hat aus meiner Sicht damit zu tun, daß wir das grauenerregende Geschehen zwischen beiden Personen und innerhalb beider Personen nicht als Ausdruck von großer Not in uns „halten" können. Trotzdem kann die Vorstellung, daß es sich hier um suchtartige Wiederholungen gewalttätiger Szenen aus der Kindheit der Beteiligten handelt, hilfreich sein, um zu ermessen, wie schwer es ist, diese Sucht aufzugeben, und auch wie schwer es ist, sie erfolgreich zu behandeln.

Wie in anderen Formen der Sucht auch, wirkt die Verwendung

von Kindern als Suchtmittel antidepressiv. Die depressiven Zustände resultieren daher, daß die jetzt Erwachsenen als Kinder mißachtet und als Sexualobjekte direkt oder indirekt mißbraucht wurden. Das damals entstandene Grundgefühl der Wertlosigkeit droht sich immer wieder einzustellen und wird auf unterschiedliche Weise bekämpft. Manche älter werdende Männer glauben, eine junge attraktive Frau zu brauchen, um sich wieder „gut drauf" zu fühlen, um ihr eigenes Altern und auch ihre Depressivität nicht wahrnehmen zu müssen. Sie fürchten, an Wert zu verlieren, wenn sie sexuell nicht mehr attraktiv sind. Ähnlich kann sich manche junge Frau nur vorstellen, einen Wert besitzen, wenn sie ihre Jugend und Schönheit direkt oder indirekt „verkauft". Auch sie kämpft gegen Wertlosigkeitsgefühle. Wie einst die Grenzen verletzende Sexualität dazu diente, die Wertlosigkeitsgefühle der Erwachsenen zu beseitigen, so dient sie jetzt dazu, die eigenen depressiven Zustände und die der Partner/innen „aufzuhellen".

Die sogenannte Vergnügungsindustrie bietet ein großes Spektrum an Möglichkeiten, den zwischenmenschlichen Mißbrauch zu wiederholen. Dort und auch in der alltäglichen wie in der berufsmäßigen Prostitution ist deutlich zu sehen, wie die Entwertung von Menschen durch Menschen wiederholt wird. Hier wird der „Wert" eines Menschen auch finanziell ausgedrückt, und es scheint keine Opfer mehr zu geben, denn sie bedienen die Süchtigen ja „freiwillig" und werden auch dafür bezahlt. Wo die Gewalt zur Normalität geworden ist, fällt sie uns nicht mehr auf.

Chancen und Probleme bei der Auflösung inzestuöser Gewaltstrukturen

Wenn aber die Not in den Szenen der Gewalt keinem mehr auffällt, wenn die Gewalt zur Normalität geworden ist, dann gibt es auch keinen Anlaß, etwas zu verändern. Wie der körperliche Schmerz, so ist auch der seelische Schmerz das wichtigste Signal dafür, daß eine Störung oder Schädigung vorliegt. Fällt dieses Signal aus, weil es nicht wahrgenommen werden darf, oder weil es durch Medikamente und andere, psychische Beruhigungsversuche (Verleugnung, Verdrängung, Verschiebung, usw.) beseitigt wird, dann fehlt auch der Impuls, der nach heilender Veränderung drängt.

Im therapeutischen Umgang mit Patienten, die in ihrer Kindheit in irgendeiner Weise mißbraucht wurden (und im weitesten Sinne sind das alle Menschen), besteht die größte Schwierigkeit darin, daß sie – und das gilt ganz besonders für die im engeren Sinn mißbrauchten – schon in der Kindheit den Schmerz nicht zu spüren wagten. Sie haben ihn in erster Linie in Schuldgefühle, und in zweiter Linie in ein diese Schuldgefühle verdeckendes pseudomännliches bzw. pseudoweibliches Selbstbild verwandelt. Hinweise auf eine schwere Schädigung kann man deshalb oft nur bestimmten Symptomen, insbesondere depressiven Zuständen, aber auch einer zur Schau getragenen demonstrierten Männlichkeit oder Weiblichkeit entnehmen.

Die Mitarbeiter/innen von Kinderschutzzentren haben in letzter Zeit Listen von typischen Verhaltensweisen mißbrauchter Kinder aufgestellt, weil auch sie oft nur indirekt auf das zumeist versteckte Mißbrauchsverhalten in der Familie schließen können. Wie die Opfer selbst, so ist auch der Helfer oder die Helferin oft unsicher, ob „wirklich etwas passiert ist". Das liegt nicht nur daran, daß das Verhalten der Erwachsenen zumeist verschwiegen und vertuscht wird. Es hat auch damit zu tun, daß gerade in der Mißbrauchsszene das Opfer, um den Mißbrauch aushalten zu können, ständig zwischen der Identifikation mit dem Täter und der Identifikation mit sich selbst hin und her schwankt. Identifiziert mit dem Täter glaubt es, daß „nichts", zumindest nichts Schlimmes passiert ist. Und die Helfer/innen geraten in dieselbe Verwirrung; sie haben Angst, sich zu täuschen, einen Täter zu unrecht zu verdächtigen, oder dem Opfer zu unrecht nicht zu glauben.

Die Unsicherheiten, die scheinbar nur Unsicherheiten über die Faktizität des Geschehenen sind, zusätzlich und vor allem aber Unsicherheiten über die Wirklichkeit der *eigenen* Gefühle sind, machen den Zugang zu den zerstörten zwischenmenschlichen Beziehungen und zu den zerstörten und zerstörenden Opfern bzw. Tätern so schwer. Immer wieder rätselt man an der Frage, ob, und wenn ja, was passiert ist. Die Frage, wie sich jeder und jede der Beteiligten *fühlt*, tritt hinter dieser Frage nach dem, was „wirklich" geschehen ist, zurück. Sie scheint unwichtig zu sein. Die Tat hat sich von den zu ihr gehörenden Gefühlen getrennt. Es ist schwierig, beides wieder miteinander zu verbinden.

Schuldgefühle und Schuldzuschreibungen bilden eine Schranke, hinter der die wirklichen Gefühle zu suchen sind. Aber im Verhältnis zur Häufigkeit des sexuellen Mißbrauchs in der Gesellschaft entsteht nur sehr selten ein Leidensdruck, der in der Familie dazu führt, daß Hilfe von außen erbeten werden kann. Bei erwachsenen Patienten sind es häufig die immer noch bestehenden Schuldgefühle den Eltern gegenüber, aber auch die Scham wegen der erlebten Erniedrigung, die die Aufnahme einer Therapie verhindern, oder in der Therapie den Zugang zu den erlebten und oft verdrängten Ereignissen versperren.

Und doch führt der Weg der Auflösung inzestuöser Gewaltstrukturen nur über das Wiedererleben des Schmerzes und der Angst. Nur so wird auch die Befreiung von Schuld- und Wertlosigkeitsgefühlen möglich. Man kann sich die wirklichen Gefühle des Kindes in der Mißbrauchsszene als unterste Schicht vorstellen, über die sich als erste Abwehrschicht Schuld- und Wertlosigkeitsgefühle gelegt haben, und darüber als eine zweite Abwehrschicht die verschiedenen Möglichkeiten, „trotzdem" wertvoll zu sein (durch Schönheit, Leistung, Reichtum, Wiederholung des Angebots, sich mißbrauchen zu lassen usw.). In diesem Bild wird klar, daß die Betroffenen zwar ständig zwischen den beiden oberen Schichten, zwischen der Gefühlen der Unterwertigkeit und denen der Überwertigkeit, hin und her gerissen werden, daß aber der Weg zum „wahren Selbst" von oben nach unten, von der Oberfläche zum versteckten Kern der Person gehen muß. Und dieser versteckte Kern besteht aus den Gefühlen des Kindes, das (emotional) verlassen, nicht als ganze Person gesehen und (sexuell) mißbraucht wurde.

Mißbrauchte Kinder im engeren und im weitesten Sinn, also auch Kinder, die vorwiegend zu anderen als sexuellen Zwecken als Objekte ihrer Eltern mißbraucht wurden, wurden zu viel und gleichzeitig zu wenig „angefaßt". Die Berührungen körperlicher und psychischer Art dienten der Aufwertung und Stabilisierung der Eltern, nicht dem Kontakt zwischen Eltern und Kindern. So konnten bei dem Kind keine klaren Grenzen entstehen, die „Haut" des Kindes im direkten und übertragenen Sinn diente nicht als Kontaktorgan; die Berührung mit dem Kind wurde ängstlich vermieden und gleichzeitig wurden ständig Grenzen verletzt. Da die erwachsenen Bezugspersonen selbst unsichere Ichgrenzen hatten, konnten sie nicht selbstverständlich bis zu dem Kind „hingehen" und trotzdem oder deswegen seine Grenzen, seine Persönlichkeit respektieren.

Durch die intensive Beschäftigung mit dem sexuellen Mißbrauch verändert sich auch die Theorie. Vor nicht allzu langer Zeit noch glaubten viele Laien und auch Fachleute, daß möglichst viel oder doch „genügend" Hautkontakt für das Kind nötig sei. Jetzt sehen wir, daß es bei dem Hautkontakt, den jedes Kind braucht, um eine bestimmte Art der *Beziehung* geht, nicht um die Quantität von „Streicheleinheiten".

Daraus ergibt sich für die Therapie, daß man als Therapeut/in in der Wiederholung dieser Szenen vor dem Problem steht, daß Annäherungsversuche im Dienste der Therapie vom Patienten oder der Patientin sowohl als erneute Grenzüberschreitung als auch mit dem Gefühl „jetzt werde ich im Stich gelassen" erlebt werden. Aus diesem Grund ist es wichtig, sich selbst immer wieder darüber klar zu werden, welche Gefühle man selbst *wirklich* hat. Am äußeren Verhalten alleine ist der Mißbrauch, auch der therapeutische Mißbrauch, nicht abzulesen. Eltern, die ihre Kinder gerne auf den Schoß nehmen, mißbrauchen diese nicht schon allein dadurch, daß sie das tun. Auch hier geht es um ein sicheres Gefühl für die *Beziehung* und damit um die Bedeutung, die ein bestimmtes Verhalten in der Beziehung hat. Es geht darum zu unterscheiden, ob der Vater seine Tochter *als Vater* auf dem Schoß hat oder ob er seine Vaterrolle dabei verläßt und sich mehr oder weniger verborgen dabei sexuell erregt oder befriedigt. Auf die Gefahr, daß sich der Mißbrauch in der Psychotherapie, in Arztpraxen oder in anderen „helfenden" Beziehungen wiederholt, werde ich zurückkommen.

Auf dem Weg zum zumeist verschütteten „wahren Selbst" stellt sich zunächst die Frage, ob – ich spreche jetzt einmal von der Frau, obwohl jeweils der mißbrauchte Mann ebenso gemeint ist – ob die Frau es wagt, „nein" zu sagen, wo sie gezwungenermaßen und zwangsläufig lange Zeit „ja" sagen mußte. Das innere Nein ist dabei der Vorläufer des äußeren Nein. Erst in zweiter Linie, aber nicht weniger wichtig, ist die Frage nach dem Ja, nach dem Ja zu sich selbst und zum anderen. Dieses Ja erst konstituiert die Grenzen zwischen den Personen, weil es die Konflikthaftigkeit, die Unterschiedlichkeit der Bedürfnisse, aufnimmt und bestehen läßt. Ohne dieses Ja sind die Grenzen noch nicht sicher. Sie müssen noch durch Schuldzuschreibungen verteidigt werden.

Da die Mißbrauchsszenen aus der Kindheit die Tendenz haben, sich lebenslang in verschiedenen Variationen zu wiederholen, geht es – vor allem für die Frauen – darum, die Gleichsetzung von Opfer-Sein und Gut-Sein in der eigenen Phantasie aufzulösen. Sehr viele Frauen leben in der Vorstellung, daß sie dann „gut" sind, wenn es ihnen schlecht geht. Würden sie sich (von den Männern) nicht alles gefallen lassen, dann wären sie in deren Augen, und das wird dann auch in das Urteil über sich selbst übernommen, „schlecht". Sie müssen also ihr Leben lang Opfer sein, die Tradition des Frauenbildes in den betroffenen Familien und in unserer Gesellschaft will es so.

Die heilsame Alternative zu diesem inneren Zwang, Opfer zu sein, um „gut" zu sein, liegt in der Frage: „Wie geht es dir wirklich?" Daß diese Frage von sehr vielen Frauen – aber auch von vielen Männern – nicht beantwortet werden kann, ist ein Hinweis darauf, daß sie in unserer Gesellschaft zwischen Eltern und Kindern im Vergleich zu der Frage: „Bist du richtig?" kaum eine Rolle spielt. Die Sprachlosigkeit zwischen Eltern und Kindern ist die Grundlage der „grenzenlosen Gewalt", die sich hier abspielt. Wo die Grenzen zwischen den Personen fehlen, gibt es keinen Dialog, denn es handelt sich ja nicht um zwei oder mehr von einander getrennte Personen, sondern um eine amorphe Masse, in der jeder die anderen als Teile oder verfügbare Objekte der eigenen Person erlebt und gleichzeitig auch sich selbst als Teil oder verfügbares Objekt der anderen Personen. Eine dialogische Beziehung würde Grenzen voraussetzen, so daß sich jeder und jede von den anderen unterscheiden könnte und Respekt vor sich selbst und vor den Bezugspersonen hätte.

Ein weiteres Problem mißbrauchter Kinder und Erwachsener ist ihre Unsicherheit über die Frage, wer sie sind. In inzestuösen Familien sind die Grenzen zwischen den Personen auch deshalb unsicher, weil die Rollen der Familienmitglieder, ihre Positionen als Vater, Mutter, Sohn und Tochter sich miteinander vermischen. Ein Mädchen, das vom Vater mißbraucht wird, hat keinen Vater. Es gerät in eine psychische Verwirrung, weil der Vater, der es eigentlich schützen sollte, und manchmal nach außen hin vielleicht auch schützt, das Kind gerade vor dem Vater, vor sich selbst, nicht schützt. So weiß das Mädchen nicht mehr, ob es Tochter, Frau oder Mutter seines eigenen Vaters ist. Es hat keinen gesicherten Platz auf der Welt, wie Ödipus, der von seinen Eltern verstoßen wurde, weil diese schon vor seiner Geburt inzestuöse Phantasien in bezug auf seine Person hatten. Die Frage des Ödipus „Wer bin ich?" quält diese Kinder lebenslang, und sie verwandelt sich nicht selten in die Frage: Bin ich „gut" oder „böse", krank oder gesund, verrückt oder normal? Ein Kind, das keinen Platz *als Kind* bei seinen Eltern hat, wird in allen seinen Gefühlen und Wünschen, und das heißt: in seiner ganzen Person entwertet. Grenzüberschreitung und Entwertung als „verwendbares" Objekt sind ein und dasselbe.

Lange Zeit dachte man auch in der psychoanalytischen Theorie, daß diese quälenden Fragen nach dem eigenen Wert durch Aufwertung und Bestätigung beantwortet werden müßten, da die Bestätigung, das Lob, der „Glanz im Auge der Mutter" gefehlt habe. Wenn dieser „Glanz im Auge der Mutter" bedeutet, daß sie sich über ihr Kind freut und sich dafür interessiert, wie es ihm geht, kann ich dem zustimmen. Wenn sie das Kind aber zur Kompensation ihrer Wertlosigkeitsgefühle mißbraucht oder sich in diesen Augen ihre sexuellen Phantasien in bezug auf das Kind spiegeln, dann muß man den Schaden sehen, der durch diese „Augen" gesetzt wird. Nicht wenige Menschen fürchten sich vor Augen, und zwar nicht nur vor strafenden Augen, sondern auch vor „anzüglichen" Augen, die sie in Träumen und Phantasien „lüstern" anschauen.

Nicht nur für die Therapie der Mißbrauchsschäden gilt deshalb, daß die Aussage „Du bist toll, du bist großartig" ein zerstörtes Selbstwertgefühl nicht heilen kann, im Gegenteil. Wenn die falsche Frage in der Kindheit hieß: „Wozu kann ich dich gebrauchen?" dann muß die heilende Frage heißen: „Wie geht es dir? Was fühlst du? Was willst du sagen?" In einer guten Therapie kann es auch nicht um eine inquisitorische Befragung über Tathergänge gehen. Die Erinnerungen kommen meist von selbst, wenn sich das Vertrauen und die Dialogfähigkeit in der Therapie bessern. Wenn man versucht, die verdrängten, weil im Bewußtsein nicht aushaltbaren, Ereignisse des Mißbrauchs „mit Gewalt" (z. B. Hypnose) in Erinnerung zu bringen, kann es sein, daß man mehr zerstört als man heilt. Es geht um die Förderung des Dialogs, den zu führen im engeren und im weitesten Sinn mißbrauchte Menschen oft kaum fähig sind.

Die Gefahr der Wiederholung des Mißbrauchs in der Therapie

Der Psychoanalyse wird oft vorgeworfen, daß sie alles entschuldige, weil sie alles verstehe und deshalb handlungsunfähig werde, oder auch handlungsunfähig mache. Ich glaube nicht, daß dieser Vorwurf *prinzipiell* zu Recht besteht, wenn er auch in Einzelfällen gerechtfertigt sein mag. Ein inzestuöses System psychoanalytisch zu verstehen, hat nichts mit dessen Billigung zu tun. Es hat vielmehr mit Aufklärung über Gewaltbeziehungen und Gewaltverhältnisse im weitesten Sinn zu tun. Denn Inzestphantasien sind immer Gewaltphantasien, auch und gerade, wenn der Mißbrauch „liebevoll" geschieht.

Ein aufklärend psychoanalytischer Umgang mit Inzest und Gewalt ist nur möglich, wenn der Analytiker es wagt, offen und kritisch sowohl auf das Opfer als auch auf den Täter zuzugehen und *nicht* aus der Beziehung zu fliehen. Es geht dabei um die *wirklichen* Gefühle des Opfers, aber auch um die wirklichen Gefühle des Täters. Hier allerdings droht das (Selbst-)Mißverständnis, daß ein miterlebendes Sich-Einlassen auch auf die Gefühle des Täters mit der Billigung seiner Taten gleichzusetzen sei. Insbesondere Frauen stehen einer gefühlsmäßigen Annäherung an den (in der gegenwärtigen Diskussion fast ausschließlich männlichen) Täter kritisch und ablehnend gegenüber. Sie befürchten verständlicherweise, daß dadurch dasselbe geschehen könnte wie in der Mißbrauchsszene selbst: Das Opfer entwertet seine eigenen Gefühle, es „verläßt sich selbst" und identifiziert sich mit den Gefühlen und Wünschen des Täters.

Wenn man sich vor der Annäherung an den Täter fürchtet, sieht man nur ungern, daß die Erforschung der Geschichte des Täters regelmäßig zur Entdeckung oder Wiederentdeckung von Szenen führt, die zumindest auf der Beziehungsebene den Szenen sehr ähnlich sind, in denen er jetzt zum Täter geworden ist. Aber obwohl diese Tatsachen für jede/n Berater/in oder Therapeut/in auf der Hand liegen, haben wir oft Angst, uns auf die Tragik des Opfers *und* des Täters einzulassen. Wenn wir Täter und Opfer in unseren eigenen inneren Phantasien nicht auseinanderhalten können, fürchten wir die Verschmelzung mit dem Täter und müssen uns deshalb „mit Gewalt" von ihm fernhalten.

Das Mißverständnis – bei Opfern und Tätern, aber auch bei manchen Helfern – besteht darin, daß jeder Versuch zu verstehen so aufgefaßt wird, als würde das Geschehene nur wiederholt werden. Da der wichtigste Mechanismus der Opfer bei der Bewältigung des Traumas die Selbstbeschuldigung ist, liegt die Gefahr der bloßen Wiederholung tatsächlich nahe. Aus der Sicht des Opfers wird wieder einmal nur der Täter verstanden, und nicht das Opfer. Aus der Sicht des Täters, der in seiner Kindheit selbst Opfer derselben Gewaltszenen war, geht es wieder um die (schon in seiner Kindheit wichtige) Frage, ob er „gut" oder „böse" ist, ob er verdammt oder freigesprochen wird. Der/die Berater/in oder Therapeut/in wird zwischen Opfer und Täter, zwischen Opfer- und Täterdefinitionen hin- und hergerissen und flüchtet nicht selten in einseitige Parteinahmen, um sich selbst zu retten.

Aus psychoanalytischer Sicht geht es nicht darum, diese Wiederholungsszenen zu vermeiden. Das wäre unrealistisch, da sie sich zwangsläufig immer wieder einstellen, ob man sie vermeiden will oder nicht. Selbstverständlich werden die sexuellen Handlungen in einer psychoanalytischen Therapie lege artis nicht wiederholt, aber die inzestuösen Phantasien, Wünsche und Ängste treten wieder zutage. Der Versuch, die Wiederholung der gewalttätigen *Phantasien* zu vermeiden, würde die Verdrängung des Geschehenen und der damit verbundenen Ängste wiederholen. Er wäre auch therapeutisch sinnlos, da der therapeutische Prozeß darin besteht, in der Wiederholung zu erinnern und die sich wiederholenden Szenen zu erkennen und durchzuarbeiten. Das ist gerade in diesem Feld eine schwierige, ängstigende und unter Umständen langwierige Arbeit. In dieser Arbeit geht es darum, daß das Opfer (aber auch der Täter) beginnt, die eigenen Grenzen – und das heißt immer auch die eigenen Gefühle und Wünsche – zu spüren, und sich in seinem Verhalten nach diesen Gefühlen und Wünschen zu richten.

Trotzdem tendiert das Geschehen der Gewaltszene dazu, sich auch in jeder Therapie oder Beratung zu wiederholen. Und hier gibt es auch eine für die Psychoanalyse spezifische Gefahr: Durch die Konzentration auf die unbewußten Phantasien sind wir Psychoanalytiker/innen, ähnlich wie unser großer Vater Freud, in Gefahr, das reale Geschehen nicht ernst genug zu nehmen und den Schmerz des Opfers durch psychodynamische Interpretationen abzuwiegeln. Das ist eine Möglichkeit, der Angst der Opfer und der Täter – und damit der eigenen Angst – nicht wirklich zu begegnen. In eigenen Therapien und in Supervisionen habe ich die Erfahrung gemacht, daß wir dazu tendieren, auf die in der Szene enthaltenen Zweifel der Opfer (ob der sexuelle Mißbrauch wirklich geschehen ist, oder ob sie vielleicht an einer Wahrnehmungsstörung leiden) allzuleicht einzuschwenken. Dadurch würden wir aber die „Wende" in Freuds Theorie wiederholen und die Gefühle der Opfer nicht ernst nehmen, wie das auch schon die Täter taten. Tat und Gefühl blieben weiter voneinander abgespalten – obwohl es in der Therapie gerade darum geht, diese Spaltung aufzulösen.

Gelegentlich ist auch eine Gegenreaktion gegen diese Tendenz zur Intellektualisierung zu beobachten. Dann beginnt in der Therapie die „Jagd" auf den Täter und auf seine Tat. Es entsteht ein Bündnis zwischen Therapeut/in und Patient/in gegen die „bösen" Bezugspersonen in der Familie, wodurch die Spaltung in der Familie wiederholt wird. Wenn dies nicht ein vorläufiger Zustand ist, verstanden als eine erste Rollenumkehr zur Befreiung aus der Sprachlosigkeit und aus der Aggressionshemmung, sondern als Ziel der Therapie angesehen wird, bleiben die *Wünsche* des Kindes an einen lieben Vater und eine liebe Mutter und auch die Liebesgefühle jedes Kindes zu seinen Eltern ausgespart. Ich halte das für eine unvollständige Analyse, die allerdings nicht selten vorkommt.

Die Alternative zur Distanzierung durch Parteinahme oder Intellektualisierung wäre der *Eingriff* in das System von grenzüberschreitenden Gewaltphantasien und Gewalthandlungen. Dieses Wort „Eingriff" verstehe ich gleichzeitig therapeutisch, organisatorisch, gesellschaftlich und politisch. Wenn es sich um einen systemverändernden Eingriff handeln soll, dann kann er nicht „blind" erfolgen, nur damit etwas getan ist, sondern möglichst „sehend": sehend, in welches System auch unbewußter Phantasien man eingreift und welche Rolle man selbst in diesem System mit seinem Eingriff spielt. Ein solches Eingreifen, vor allem wenn es ein *äußeres* Handeln ist, fällt gerade Psychoanalytikern oft schwer – aber nicht nur ihnen.

Die Geschichte der Psychoanalyse ist begleitet von einer ständigen Auseinandersetzung mit dem Problem der Übertragung inzestuöser Phantasien und Handlungsimpulse auf die Therapeut-Patient-Beziehung. Da Freud die Aufmerksamkeit auf die kindliche Sexualität und auf deren Übertragung in die Beziehung zum Analytiker lenkte, konnte er und konnten alle seine Schüler und

Schülerinnen das Phänomen der Übertragung sexueller Phantasien nicht mehr verdrängen. Sie mußten und wir müssen damit umgehen. Unsere psychoanalytischen Vorgänger versuchten, ebenso wie wir es heute noch versuchen, die Gefahr des Mit- oder Ausagierens sexueller Phantasien beim Psychoanalytiker durch die Errichtung eines strengen (beruflichen) Überichs zu bannen. Und trotzdem kommt es immer wieder vor – häufiger als wir oft denken –, daß (zumeist männliche, gelegentlich aber auch weibliche) Analytiker/innen und Analysanden/Analysandinnen eine sexuelle Beziehung eingehen. Der Psychoanalytiker, der doch ein guter „Vater" sein sollte, wird zum Täter, wie einst der wirkliche Vater oder stellvertretend und parallel zu ihm andere Männer. Er kommt seiner Verantwortung nicht nach und mißbraucht die besondere Beziehung seiner Patientinnen zu ihm. Ein ähnlicher Mißbrauch einer Vertrauensbeziehung findet zwar auch in anderen Therapien jeder Art, nicht zuletzt in Arztpraxen statt. Aber der Mißbrauch durch Psychoanalytiker widerspricht dem Anliegen der Psychoanalse doch in ganz besonderer Art.

Häufig reagieren wir – auch als Kollegen und Kolleginnen – darauf mit Empörung und Distanzierung, ähnlich wie wir mit Empörung reagieren, wenn wir von inzestuösen Handlungen in einer Familie erfahren. Ich meine, daß auch hier die bloße Empörung allenfalls dazu dient, sich selbst reinzuwaschen, nicht zum Verständnis und nicht zur Verhinderung dessen, was da geschieht. Aber wir selbst tendieren ja auch dazu, zu glauben, daß Verständnis für beide Seiten zu haben, heißen würde, das Geschehen zu billigen. Und davon wollen wir uns fernhalten. Also verstehen wir lieber nicht. Aber wir unternehmen dann auch nichts. Wir schauen weg, wie die Mütter, die das Schreckliche nicht gesehen haben wollen.

Ich bin nach langen Überlegungen zu der Überzeugung gelangt, daß der bessere und sicherere Weg zur Vermeidung inzestuösen Agierens in der psychoanalytischen Therapie auch hier die psychoanalytische Haltung des Genau-Hinsehens ist. Wenn wir als Analytiker/innen genau hinsehen (und das sollten angehende Analytiker/innen vor allem in ihrer Ausbildung lernen), dann sehen wir den schrecklichen Schaden, der durch eine Wiederholung des familiären Inzests oder der familiären Inzestphantasien als agierter Inzest in der analytischen Beziehung angerichtet wird. Ich denke, wer sowohl die Not, in der solche Phantasien auftauchen als auch den Schaden sieht, der durch ein agierendes Wiederholen erneut gesetzt werden würde, ist geschützt gegen die Versuchung. Er spürt, daß er ihr nicht nur nicht folgen *darf,* sondern, daß er ihr vielleicht auch nicht folgen *will*. Und dieses „Ich will nicht, ich will etwas anderes" ist entscheidend für die Aufhebung der inzestuösen Szenen und ihrer Wiederholungen.

Ich meine dabei sowohl das „Ich will nicht, ich will etwas anderes" von seiten des Analytikers/der Analytikerin als auch das „Ich will nicht, ich will etwas anderes" von seiten des Patienten oder der Patientin. Wenn man sieht, daß das Mitmachen oder Geschehenlassen des Kindes (in der Vergangenheit des/der Patienten/in und auch in der eigenen Vergangenheit) in einem Zustand absoluter Verlassenheit von Vater und Mutter geschah, und daß inzestuöse Phantasien und ihre Ausführung schwere Grenzverletzungen (Verletzungen!) darstellen, dann kann man die damals ausgefallene Frage stellen: „Willst du das wirklich? Will ich das wirklich? Oder wollen wir hier etwas anderes, nämlich das Geschehene durcharbeiten und die Wunden versorgen so gut das möglich ist?"

Ähnlich wie in der inzestuösen Familie keiner genau weiß, wer wer ist, ähnlich wie dort die Plätze von Vater, Mutter und Kindern nicht eingenommen werden, so weiß man auch in der inzestuösen analytischen Beziehung nicht, wer wer ist. Der Analytiker verliert seine Rolle und damit seine (schützende) Funktion als Analytiker, und der/die Patient/in verliert seine/ihre Rolle als Patient/in, der/die im geschützten Raum der Analyse wiederholen darf und soll, was er/sie in der Not an falschem Selbst (Prostitution) entwickeln mußte und der/die in der analytischen Beziehung die damals ausgefallenen Fragen: „Willst du das? Will ich das?" neu stellen und beantworten kann.

Um als Analytiker in dem oft überhitzten Klima einer inzestuösen Übertragung die Ruhe zu finden, um dem Patienten/der

Patientin den Raum für diese Kultivierung oder Rekultivierung ihrer wirklichen Wünsche und Gefühle zu geben, muß man allerdings auf Größenphantasien gleichermaßen verzichten wie auf das Angebot, eine schrecklich-schöne Lust mit dem Patienten/der Patientin zu erleben. Nur soweit es dem Analytiker/der Analytikerin aus eigener Erfahrung möglich ist, den Gewinn in diesem Verzicht zu sehen, wird dieser emanzipatorische Umgang mit den inzestuösen Szenen möglich. Soweit man aber selbst glaubt, daß eine sogenannte „reale" Beziehung mehr wert ist als die sogenannt „künstliche" in der Analyse, wiederholt man die Phantasie der Eltern, die glaubten, daß eine (sexuelle) Partnerbeziehung zu ihren Kindern aufregender, schöner, wertvoller sei als eine ruhige, sichere (und auf ihre Weise lustvolle) Eltern-Kind-Beziehung.

Der Mißbrauch des Menschen durch den Menschen, ein Politikum

Sexueller Mißbrauch von hilflosen Kindern ist keine Privatangelegenheit. Er geht die nächsten Angehörigen, die Nachbarn, die sozialen Einrichtungen, uns alle als „die Gesellschaft" an. Wir müssen hinsehen auf das, was da geschieht, und auf das, was wir selbst tun. Dabei ist immer beides zu sehen, die ganz konkrete körperliche und psychische Schädigung des einzelnen Kindes und das familiäre und gesellschaftliche Umfeld, in dem diese Schädigung zur Normalität geworden ist.

Wenn man als Grundprinzip des Mißbrauchs die Funktionalisierung des Kindes durch die Eltern, des Menschen durch den Menschen sieht, dann muß man besorgt sein über die direkten körperlichen und seelischen Schäden (die „Erinnerungen des Körpers" in Form von Sexualstörungen, sowie die psychischen und psychosomatischen Erkrankungen von Kindern und Erwachsenen). Man muß aber auch besorgt sein über die Beziehungsstruktur unserer Gesellschaft, in der das „Prinzip Funktionieren" eine große, den Menschen und die Mitmenschlichkeit verachtende Rolle spielt.

Der Anfang der Funktionalisierung liegt in der Eltern-Kind-Beziehung. In diesem Sinne sind immer die Eltern die Täter – auch wenn man deren Verhalten aus ihrer Geschichte als Opfer gut „verstehen" kann. In der Beziehung zu seinen Eltern und anderen Bezugspersonen lernt das Kind, die Teile seiner Person für wichtig und wertvoll zu halten, die von den Erwachsenen „gebraucht" werden. Es kann nicht anders, als diese Funktionen, sei es seine Leistungsfähigkeit, sei es seine Rolle als „Versager", sei es seine Rolle als Objekt sexueller Erregung, ein Leben lang anzubieten und sich dabei gleichzeitig wertlos zu fühlen. Diese „Angebote" sind Ausdruck von „Prostitutionsbeziehungen", die in allen Bereichen unserer Gesellschaft tief verwurzelt sind.

Die frühen Gewalterfahrungen der Kinder wirken sich in jeder einzelnen Partnerbeziehung und genauso auf die Beziehungen zwischen Männern und Frauen in unserer Gesellschaft im allgemeinen aus. Sie haben auch deutliche politische Folgen, im engeren und im weiteren Sinn. Der Kampf um die Legitimität der Abtreibung scheint mir letztlich ein Kampf gegen den Mißbrauch zu sein. In dem Konflikt kämpfen die Frauen gegen ihre Funktionalisierung als Sexualobjekte und Gebärmaschinen, während die Männer gegen die „Macht" der Frauen über (ihr) Leben und (ihren) Tod kämpfen.[4] Wie in vielen privaten Partnerbeziehungen auch, ist das Fatale an diesem Kampf, daß jeder und jede glaubt, sich nur *gegen* den oder die andere(n) befreien zu können. Sie sind einander zum Feind geworden, weil sie die Ursachen ihrer Schädigung und vor allem ihr Beschädigt-Sein selbst nicht sehen können. So schlagen sie verbal oder auch direkt körperlich aufeinander ein, um sich jeweils vor dem Übergriff des anderen zu retten.

Gegenwärtig wird ein neuer „Krieg der Männer" gegen die Frauen gefeiert, bestaunt und belächelt. Man sagt, die Männer hätten die jahrelangen Beschimpfungen und Entwertungen durch die Frauenbewegung satt und würden jetzt „zurückschlagen". Eine neue „Männlichkeit" sei zu entdecken, die keinerlei Anpassung an die Wünsche der Frauen mehr hinnehme. Ich denke, daß dieser auch in den Medien mit großer Faszination geführte

„Krieg" nichts an der Beziehungsstörung zwischen Frauen und Männern ändert, sondern nur die Mißbrauchsszenen wiederholt, denen die Kämpfenden als Kinder ausgeliefert waren. Entwertung, Beschuldigung und grenzüberschreitende Vergewaltigung oder „Dominanz" waren schon damals die „Waffen", die den Kindern gegenüber eingesetzt wurden, und die sie jetzt zwangsläufig selbst ergreifen. Die Wiederholungen dieser Szenen kann man nicht beenden, indem man die Schuld hin und her schiebt.

Vielleicht wird es manchen Männern im Schutz der neuen „Front" gegen die Frauen (ähnlich wie es im Schutz der feministischen Bewegung geschah) aber auch leichter möglich, sowohl ihre Empfindlichkeit zu spüren – überhaupt sich selbst zu spüren und ihre Gefühle wichtig zu nehmen – als auch die Szenen zu erinnern, in denen sie im engeren (sexuellen) und im weiteren Sinn mißbraucht wurden und werden. Nur durch die Aufklärung dieser Szenen und das Wiedererleben oder erstmalige Erleben der mit ihnen verbundenen schmerzlichen Gefühle kann das stumme Einverständnis mit der Gewalt in Frage gestellt werden. Das würde auch zu einem wirklichen Protest führen, zu einem Protest, der sich nicht pauschal gegen das andere Geschlecht, sondern gegen die damals geschehene und dann zwangsläufig verinnerlichte Gewalt wendet.

Männer bräuchten dann ihre Frauen nicht mehr als „Raumschiff" zu mißbrauchen (das Bild stammt aus dem Traum eines Mannes, ähnliche Bilder häufen sich gegenwärtig), in dem sie geschützt, aber eingesperrt und gleichzeitig total abhängig und total unabhängig (solange das „Raumschiff" funktioniert) in die „große weite Welt" aufbrechen. Sie bräuchten ihre Frauen auch nicht mehr ständig zu erniedrigen, um sich ihrer Abhängigkeit von der Mutter/Frau nicht bewußt zu werden. Und Frauen bräuchten ihre Männer und Söhne nicht mehr als „Statussymbole" („wenn ich einen Sohn/Mann habe, bin als Frau etwas wert") und (heimliche) Befriedigungsobjekte zu mißbrauchen. Beide Geschlechter könnten aufhören, sich funktionierend den Erwartungen anderer Menschen zu unterwerfen. Psychisch getrennt voneinander und gleichzeitig aufeinander bezogen, könnten sie gemeinsam ihre

Kinder schützen, was beide, so meine ich, eigentlich zutiefst auch wollen.

Solche Bilder mögen sehr utopisch aussehen. Ich glaube aber, daß es nötig ist, im Kampf der Geschlechter andere Alternativen zu formulieren als Sieg oder Niederlage, auch wenn sie sehr schwer zu verwirklichen sind. Wir könnten unsere „partiarchalische Gesellschaft" neu verstehen: Sie wäre dann nicht eine Gesellschaft von bösen, machtgierigen Männern und von unter diesen Männern leidenden Frauen, sondern sie könnte als eine Gesellschaft begriffen werden, in der Männer und Frauen dieselben Ängste (vor dem Übergriff) in unterschiedlicher Weise verarbeiten: Frauen fühlen sich gleichzeitig geehrt (aufgewertet) und verletzt oder auch angeekelt durch die Übergriffe der Männer; sie werden stumm, gelähmt und passiv, gelegentlich anklagend. Und sie müssen so tun, als wären sie gefühlsmäßig „nicht zu Hause", um „die Männer" überhaupt aushalten zu können. Männer fühlen sich den vereinnahmenden Frauen und Müttern gegenüber ausgeliefert und ängstlich; sie bekämpfen diese Ängste, indem sie ihre „unbesiegbare" Männlichkeit, ihre Fähigkeit, in Frauen „einzubrechen" und ihre Unbeirrbarkeit im Aufstieg auf Erfolgs- und Karriereleitern demonstrieren.

Die Beschreibung des äußeren Bildes unserer Gesellschaft ändert sich durch die neue Definition nicht, aber die Berücksichtigung der Ängste und Wünsche (der Kinder) erschließt eine Perspektive, aus der eine wirkliche Revolution im Sinne der Veränderung unserer gesellschaftlichen Rollenbilder prinzipiell möglich erscheint.

Die unabdingbare Grundlage einer solchen revolutionären Veränderung ist die Konzentration auf den Schutz unserer Kinder. Das ist nicht leicht, weil ein großer Teil der Mißbrauchsbeziehungen bewußt versteckt, oder mehr oder weniger bewußt verdrängt gelebt werden. Trotzdem ist zu fragen, was unsere Gesellschaft dafür tut, daß den heutigen Tätern ihre Verantwortung deutlich bewußt gemacht wird und sie gleichzeitig dabei unterstützt werden, ihre eigenen Kindheitserfahrungen nicht an ihren Kindern zu wiederholen.

Wenn ich sehe, wie in bestimmten Gegenden unserer Großstädte immer mehr „Müllhalden der Gesellschaft" entstehen, weil psychisch und physisch Schwerkranke (darunter Ausländer, aber auch „Abfallprodukte" unserer eigenen Gesellschaft) hier massenhaft wohnen müssen, und für die Betreuung manchmal mehrerer Wohnblöcke oder Unterkünfte „ein halber Sozialarbeiter" bereitgestellt wird, dann frage ich mich: Was ist uns wichtiger, das weitere Verschieben unserer Probleme „an den Rand", oder die vorbeugende Hilfe für Familien, in denen gerade der sexuelle Mißbrauch von Kindern als Suchtmittel gegen die Verzweiflung an der Tagesordnung ist? In der Supervision solcher Arbeitsfelder habe ich manchmal den Verdacht, daß wir die Gewalt an den Rand der Gesellschaft zu verschieben versuchen, in der mehr oder weniger bewußten Hoffnung, daß in diesen „wilden Deponien" Prozesse der Selbstzerstörung ablaufen (unversorgte Erkrankungen, Alkoholismus, Suizidalität und Mord), durch die sich „die Probleme" von selbst dezimieren. Diese „Müllhalden der Gewalt", die es in anderer Form durchaus auch in den Beziehungsstrukturen der „sozial Starken" unserer Gesellschaft gibt, sind Symptome einer Gesellschaft, die offensichtlich lieber Geld mit der Produktion von Waffen verdient als sich mit der Lösung ihrer eigenen Probleme zu beschäftigen.

Der Zug der Lemminge – über die Sucht, die eigenen Lebensgrundlagen zu zerstören

Lange Zeit dachten die Menschen in unserem Kulturkreis, daß sie auf Kosten der Umwelt, gegen die Natur überleben könnten und müßten. Ein Sieg über die Natur, auch über die Natur des Menschen, wurde angestrebt. Die Phantasie, alles zu verstehen und in den Griff zu bekommen, lag der naturwissenschaftlich-technischen Entwicklung des so „erfolgreichen" Industriezeitalters zugrunde. Erst durch die drohenden Katastrophen allumfassender Vernichtungskriege und globaler Umweltzerstörung wird uns heute deutlich, daß die Vorstellung, unser Leben gegen andere Menschen und gegen die Natur retten zu können, auf einem Irrtum beruht.

Aber dieser Irrtum ist nicht leicht zu korrigieren. Wir wissen verhältnismäßig viel über die uns drohenden Gefahren, und wir verhalten uns doch nicht diesem Wissen entsprechend. Wie die Lemminge, die unaufhaltsam ins Meer laufen, ihr Schwimmvermögen überschätzen und beim Versuch, breite Meeresarme zu überqueren, in großen Scharen ertrinken, so zerstören wir scheinbar sinnlos und unaufhaltsam unsere eigenen Lebensgrundlagen. (Ich möchte darauf hinweisen, daß ich hier das Bild der Lemminge, die sich selbst töten, als ein Symbol verwende, ohne mich mit den biologischen Erkenntnissen über dieses Verhalten zu befassen.)

Entgegen der häufig anzutreffenden Meinung, daß Politik mit Psychologie nichts zu tun habe, bin ich der Meinung, daß Politik ein direkter Ausdruck kollektiver Phantasien ist – wenn sich diese Phantasien hier auch in sogenannten handfesten wirtschaftlichen und politischen Interessen manifestieren. Unsere inneren Vorstellungen von der Welt drücken sich in äußerem Verhalten aus.

Deshalb ist es sinnvoll, daß wir uns auch mit den psychischen Mechanismen befassen, die die „Mentalität der Lemminge" aufrechterhalten, und ebenso mit den psychischen Voraussetzungen für einen vielleicht noch teilweise möglichen Ausstieg aus der Gefahr.

Die Wachstumsideologie – eine Phantasie von Süchtigen

Suizidalität oder, im weiteren Sinn, jede Art von Selbstzerstörung hat viel mit dem Mechanismus der Sucht zu tun. Der Süchtige zerstört sich selbst, um sich kurzfristig von unerträglichen Wertlosigkeitsgefühlen zu befreien. Und der Suizidale ist in Gefahr, ebensolche Gefühle durch direkten Selbstmord beseitigen zu wollen oder aus einem inneren Drang heraus beseitigen zu müssen. Beide verdrängen die Folgen ihres Tuns, die Selbstschädigung und die Selbstvernichtung, eventuell auch die Schädigung anderer durch ihr Verhalten. Da sie in ihrem Leben nie oder nur selten das Gefühl hatten, daß man sich um sie sorgt und sie gerne versorgen will, können sie ihr eigenes Leben und das anderer Menschen nicht für so wertvoll halten, daß sie es schützen wollten und könnten.

Die allgemein in unserer Gesellschaft herrschende Suchtmentalität wird häufig übersehen. Als süchtig gelten uns nur diejenigen, die nicht mehr funktionieren. Die Funktionierenden gelten nicht als süchtig; die Sucht des Funktionieren-Müssens wird allenfalls lächelnd als solche bezeichnet. Wer Erfolg hat, wird nicht als krank angesehen. Er entspricht der Norm. Erfolg, der den erfolgreichen Menschen selbst zerstört, gilt nicht als schädlich. Die Selbstzerstörung wird vielmehr als der „Preis" angesehen, den der Erfolg eben hat. Ohne Fleiß kein Preis, ohne Selbstzerstörung kein Erfolg, so wurden wir erzogen und so erziehen wir unsere Kinder.

Die allgemeine Überanstrengung dieses selbstzerstörerischen Suchtverhaltens macht sich auch in unserer überdimensionalen Produktion (z. B. von Nahrungsmitteln, die wir dann wieder vernichten müssen) und in unserem überdimensionalen Verbrauch an Energie bemerkbar. Um die landwirtschaftliche Überproduktion aufrechtzuerhalten, vergiften wir unsere Böden und unser Grundwasser. Das ist nichts anderes als Selbstvergiftung. Der Energieverbrauch pro Kopf der Bevölkerung in den Industriestaaten beträgt etwa 200 „Menschenstärken", d. h. wir verstärken unsere menschlichen Kräfte um das Zweihundertfache durch den Einsatz von fremder Energie – um nicht so schwach zu sein, wie wir wirklich sind.

Genauso wie „ganz normale Süchtige" vermeiden wir dadurch Gefühle der Schwäche, der Ohnmacht, der Hilflosigkeit und der Wertlosigkeit. Unter der Überproduktion und dem Über-Energieverbrauch ist längst das Gefühl entstanden, nicht mehr zu können und nicht mehr zu wollen. Aber gerade diese ängstigenden Gefühle müssen ihrerseits wieder durch Fortschrittsphantasien beseitigt werden. „Nur nicht stehen bleiben. Wer rastet, der rostet." Wir können immer nur alles „vorantreiben" und haben die Fähigkeit zur Bewahrung des Lebens und der Lebendigkeit weitgehend verloren. Die Angst vor dem Stillstand ist auch die Angst vor dem persönlichen Tod, den wir mit allen unseren Kräften zu vermeiden versuchen und doch gerade dadurch für die ganze Menschheit immer wahrscheinlicher machen.

Gegen die Vorstellung vom eigenen Tod, den wir nicht als Teil unseres Lebens sehen können, werden auch die vielen anderen „Antidepressiva" eingesetzt. Die Suchtmittel sind vielfältig. Sie werden eingeteilt in „erlaubte" (so z. B. Alkohol, Nikotin, verschiedene Medikamente, schnelles Autofahren, übersteigerter Verbrauch an Gütern und Energie) und in „nicht erlaubte" (so die verschiedenen Drogen, die „süchtig machen", wie man sagt). Aber es gibt so viele andere „Drogen", die ebenso süchtig machen: z. B. die Phantasie von der Beherrschung der Atomkraft und hochgiftiger Chemikalien, politische Macht und hohes Ansehen, die Phantasie der Überlegenheit und Sicherheit durch (militärische) Stärke und die Begeisterung für militärische Technik usw. Sie rufen, ähnlich wie die Drogen im engeren Sinn, ein Gefühl der Omnipotenz und der Unangreifbarkeit hervor, ein Gefühl der Freiheit von Angst, Krankheit und Tod, der Freiheit von Gefühlen der

Wertlosigkeit und des Ausgeliefertseins. Sie verwandeln Ohnmachtsgefühle in Machtgefühle und machen so kurzfristig scheinbar glücklich. Die Selbstzerstörung wird dabei in Kauf genommen. Das Leben wird mit der Fähigkeit zur Kontrolle des Lebens und der Lebendigkeit verwechselt. Manche in der Gentechnologie und in der Computerisierung der Gesellschaft enthaltenen Phantasien machen das deutlich.

Der Versuch, die Atomenergie als unerschöpfliche Energiequelle zu beherrschen, ist vielleicht die radikalste Materialisierung all dieser Allmachtsphantasien, wenngleich zu befürchten ist, daß sich die Allmachtsphantasien in dem heraufziehenden Zeitalter der Gentechnologie noch viel gefährlicher auswirken werden. Gerade in dieser unüberschaubaren Technologie verbindet sich in der Phantasie das Bild vom Menschen als möglichem Schöpfer mit dem Bild vom Menschen als potentiellem Zerstörer des Lebens auf der Erde. Solche Phantasien machen den Menschen scheinbar zum Herren des Paradieses, der diesmal *keiner* Einschränkung unterliegt, der vielmehr hofft, ungestraft nach den Früchten am Baum der Erkenntnis greifen zu können. Im Falle der Brütertechnologie glaubte er (oder glaubt er immer noch), ein perpetuum mobile in Händen zu halten, das mehr Brennstoff „erbrütet", als es an Energie abgibt. Die Wirksamkeit dieser technischen Phantasie als Antidepressivum liegt darin, daß sie die Vorstellung enthält, die Energie, auch die körperliche und seelische Energie jedes einzelnen, könne unerschöpflich sein. Man müsse sich nie mehr ausruhen, ja man könne sogar durch Arbeit Kraft gewinnen – Phantasien, die jeden Manager „funktionsfähig" erhalten, so lange bis sich die Phantasie von der Unerschöpflichkeit der Energie, der Versorgung und des Lebens auch für ihn als eine Täuschung herausstellt.

Der Blick in die Tiefe ist verboten

Manchmal scheint es mir, als sei bei solchen Größenphantasien der Absturz nach dem Höhenflug fast bewußt eingeplant. Zumindest unbewußt ist die Gefahr und der Selbstbetrug sehr wohl bekannt. Aber bewußt bzw. im Auftreten nach außen muß die Gefahr meist verleugnet werden. Da dürfen wir keine Angst haben vor der Radioaktivität oder vor den Folgen der Gentechnologie. Wir sind doch nicht empfindlich! Wir sind doch nicht so anspruchsvoll, daß wir die „Segnungen unserer Technik" auch noch ohne Risiko haben wollen! Um diesen Höhenflug überhaupt durchhalten zu können, muß man sich und anderen verbieten, während des Fluges in die Tiefe zu schauen. Der Blick in die Tiefe würde einerseits die Gefährlichkeit des Fluges, andererseits aber auch Alternativen zum Flug, nämlich eine dem Menschen angemessenere Fortbewegung, sichtbar machen. Die „Lemminge" würden dann vielleicht ihr Schwimmvermögen richtig einschätzen und an der Meeresküste haltmachen.

Aber dieser Blick auf die eigene Begrenztheit und auf die Gefährlichkeit des eigenen Tuns wird ängstlich vermieden. Wir spalten dazu unser Bewußtsein: Das eigentlich vorhandene Wissen wird getrennt in zulässiges und unzulässiges Wissen. Zum unzulässigen, nicht im Bewußtsein zugelassenen Wissen gehören alle nicht beherrschbaren Gefahren, die mit diesen gefährlichen Techniken verbunden sind. Die Omnipotenzphantasien lassen Zweifel an der Allmacht des „Fliegers" nicht zu. Wozu wäre man denn dann überhaupt aus den Niederungen der Selbstzweifel und der Unsicherheit zu dem riskanten Höhenflug gestartet, wenn man es dort oben wieder mit Selbstzweifeln zu tun bekommt? Der Blick in den Abgrund muß vermieden und verboten werden.

Für Atomkraftgegner ist es oft nur schwer zu verstehen, weshalb „die anderen" denn nicht auch Angst haben, wo sie doch von den Gefahren dieser Technik selbst mitbetroffen sind und diese Gefahren zum Teil noch viel besser kennen müßten als die meisten Gegner der Atomenergie. Weshalb suchen diese Wissenschaftler und Techniker nicht selbst nach Alternativen zu dieser gefährlichen Art der Energieversorgung? Was macht sie so blind für Auswege aus der Gefahr? Ich verstehe diese tatsächliche oder vorgegebene Blindheit für die Gefahr als einen Ausdruck von Existenzangst: Soweit psychisch die eigene Existenz mit dem Besitz von Macht gleichgesetzt wird, wird der Verlust von Macht oder auch der Verzicht auf Macht als existenzbedrohend erlebt. Deshalb macht der Blick in die Tiefe aus der Position des Höhenfliegers auch dann Angst, wenn dort unten Landeplätze und Alternativen zum Fliegen zu erkennen wären.

Wer den Erdboden sieht, über den er hinwegfliegt, könnte auf den Gedanken kommen, daß Fußwanderungen angenehmer und ungefährlicher sind als Höhenflüge. Es gäbe ja die Möglichkeit, erneuerbare Energien einzusetzen, Energie zu sparen und die Energieversorgung zu dezentralisieren. Alle diese möglichen „Fußwanderungen" scheinen psychische „Höhenflieger" fast ebenso zu bedrohen wie ein Absturz. Es könnte sich herausstellen, daß alle Anstrengungen und Gefährdungen des Höhenflugs überflüssig waren. Man könnte sich lustig machen über einen „Flieger", der sich und andere unnötig in Gefahr gebracht hat. Deshalb erscheint die Alternative zur Atomenergie von dort oben gesehen wie eine Rückkehr in die Steinzeit, in eine Zeit, in der der Mensch scheinbar viel hilfloser war als heute. Die Erkenntnis, daß wir angesichts der ungeheuren atomaren Zerstörungskraft und der über unvorstellbar lange Zeit bleibenden Gefahr der atomaren „Abfälle" heute existentieller und umfassender bedroht sind als unsere steinzeitlichen Vorfahren, gehört zum „unzulässigen Wissen". Der Fortschrittsglaube als Schutzschild gegen die Angst vor dem Tod darf nicht in Frage gestellt werden. Und so kommt es zu der eigenartigen Erscheinung, daß manche Menschen mehr Angst davor haben, Auswege aus der Gefahr zu erkennen und zu beschreiben, als davor, in der Gefahr unterzugehen. So werden gerade die Überbringer *guter* Botschaften, die Überbringer von wissenschaftlichen und technischen Erkenntnissen, die den Ausstieg aus der Gefahr erleichtern würden, häufig nicht beachtet und sogar verfolgt, obwohl sie eigentlich freudig begrüßt und belohnt werden müßten. Es sieht oft so aus, als würden wir als Kollektiv unseren Untergang fast bewußt planen, um nicht dem Leben und damit auch dem Tod passiv ausgeliefert zu sein. Das ist die Psychodynamik des Selbstmords.

Auch „handfeste" wirtschaftliche Interessen sind Ausdruck unserer kollektiven Suchtproblematik

Man mag hier einwenden, daß ich die wirtschaftlichen Interessen nicht berücksichtige, die hinter der Atomenergie und all den anderen zerstörerischen Techniken stehen. Diese Interessen sind mir jedoch gut bekannt. Und ich halte es auch für wichtig, die Gewalt dieser Interessen und ihrer Vertreter nicht zu übersehen. Aber auch die Vertreter dieser Interessen klammern sich in ihrem Selbstwertgefühl jeweils an (kapitalistische) Machtphantasien, die allerdings in unserer Gesellschaft so „normal" sind, daß sie schon fast unauffällig geworden sind. Die rücksichtslose Durchsetzung wirtschaftlicher Interessen ist so selbstverständlich, daß wir sie nicht mehr als Ausdruck eines gestörten Selbstwertgefühls verstehen können. Deshalb können wir auch die Psychologie der Personen nicht mehr bedenken, die „unbeirrbar" und „handfest", oder auch „mit großem persönlichem Einsatz" (ein Begriff, der im Nationalsozialismus wichtig war) ihre Geschäfte verfolgen. Eine Zuständigkeit der Psychologie oder gar der Psychopathologie für diesen Personenkreis oder für die scheinbar unaufhaltsame Eigengesetzlichkeit der wirtschaftlichen „Sachzwänge" könnte zu dem Gedanken führen, daß auch ökonomische Gewalt und ökonomische Rücksichtslosigkeit nicht Ausdruck psychischer Stärke, sondern vielmehr Ausdruck psychischer Unsicherheit sind.

Solche Gedanken könnten – wenn sie sich ausbreiten – die allgemeine Bewunderung und die Berührungsängste diesen „Mächtigen" und „Tüchtigen" gegenüber vermindern. Die zum Teil unbewußten Berührungsängste solchen „Mächtigen" gegenüber verhindern nicht nur, daß man es wagt, sie als „schwach" zu sehen. Man wagt es auch oft nicht, sie wie andere Kriminelle vor Gericht zu stellen, wenn sie offensichtlich Verbrechen an der

Umwelt, an der Menschheit oder an der Menschlichkeit begangen haben. Man wagt es nicht, ihrer Gewalt wirksam entgegenzutreten. Ich habe dabei immer wieder den Eindruck, daß diese Hemmung nicht nur aus der Angst vor der „Rache" entsteht, sondern daß man unbewußt auch die psychische Zerbrechlichkeit der „Unangreifbaren" spürt und sich, wie in einem von Lawinengefahr bedrohten Schneefeld, automatisch nur äußerst vorsichtig bewegt. Die Beziehungsstruktur im nahen Umfeld solcher „Mächtiger" macht diese ängstliche Vorsichtshaltung deutlich. Die stets Zustimmung nickenden „Begleiter" solcher „Bosse" in Politik, Wirtschaft oder in Strukturen der organisierten Kriminalität sind deutlicher Ausdruck dafür, was auch im weiteren Umfeld vor sich geht. Auch in der Justiz und in der Bevölkerung möchte man es mit solchen gefährdeten und gefährlichen Menschen sicherheitshalber lieber nicht verderben, nicht nur möglicher Nachteile wegen, sondern auch, weil man dadurch das unbewußte „Konzept" unserer Gesellschaft in Frage stellen würde.

Denn die „Mächtigen" und „Tüchtigen" in unserer Gesellschaft sind sehr weit verbreitet. Jeder und jede von uns ist in diesem Sinne mehr oder weniger „süchtig". Viele Formen der psychischen Abhängigkeit zum Beispiel von Arbeitsüberlastung, von schnellen Autos, von Befehlsgewalt über andere Menschen, über Computer usw. werden in unserer Gesellschaft nicht als Formen der Sucht erkannt.[1] Diese Abhängigkeiten sind „ganz normal" bzw. die Betroffenen fühlen sich subjektiv eher mächtig als ohnmächtig in ihrer Abhängigkeit. Die „atomare Sucht", die „technologische Sucht", die Sucht nach immer mehr Geld als Ausdruck von immer mehr Macht, alle diese Suchterscheinungen sind eingebettet in eine allgemeine Suchtmentalität, in der auf vielfältige Weise versucht wird, Ohnmachtsgefühle in Macht zu verwandeln. Kennzeichnend für den Suchtcharakter ist immer die Tatsache, daß die eigene Gefährdung und die Gefährdung anderer nicht wahrgenommen bzw. scheinbar gleichgültig in Kauf genommen wird. Die Sucht, möglichst viel und möglichst schnell mit dem Auto zu fahren oder mit dem Motorrad möglichst viel Lärm zu verursachen, gehört ebenso hierher wie die Männlichkeitsphantasien bei den Anhängern rechts- oder linksextremer Gruppierungen und Parteien.

Der Teufelskreis von Erfolgsgefühlen und Gewalt

Fatal an diesen verschiedenen Formen der Sucht ist der typische Teufelskreis von Erfolgsgefühlen und Gewalt, der den Ausstieg so schwer macht. Die erfolgreiche Unterdrückung von eigenen Hilflosigkeitsgefühlen macht süchtig nach der ständigen Verfügbarkeit der Droge bzw. nach der ständigen Wiederholung des „Erfolges". So wurden zum Beispiel viele Deutsche durch die anfänglichen „Erfolge" der Nationalsozialisten verführt, deren Gebietsannexionen und militärisch-imperialistische Ausbreitung über Europa für gut zu halten. Wenn die Herstellung von Überwertigkeitsgefühlen so leicht möglich war, so leicht begründbar mit der (scheinbaren) Notwendigkeit, sich Raum zu verschaffen und „minderwertige" Menschen zu unterwerfen oder zu beseitigen, warum sollte man dagegen sein? Die Herde der Lemminge marschierte doch recht erfolgreich in diese Richtung, warum sollte man sich als Einzelperson ausschließen? Die Verführung durch „Erfolge" der eigenen Gruppe wird immer wieder unterschätzt. Wir alle suchen die Geborgenheit in den Strömungen der Gesellschaft, denen wir uns anschließen. Wir suchen das Gefühl, als Gruppe erfolgreich zu sein, und wo „unsere" Gruppe nicht erfolgreich ist, dort leben wir doch von der Phantasie, daß sie wenigstens moralisch den anderen Gruppen überlegen ist.

In dieser Herde möchten wir auch beruhigt werden; wir tendieren dazu, den Beruhigungen mehr zu glauben als den Beunruhigungen. Das Gefühl „Es ist ja doch gerade noch einmal gut gegangen" (im Autoverkehr, mit bestimmten Techniken) bestärkt unsere Hoffnung, daß doch nichts passieren kann und verführt uns zum „So-Weitermachen". Wenn manche Jugendliche sagen: „Mein Auto fährt auch ohne Wald", dann macht das besonders deutlich, wie gerade junge Menschen die Angst vor der Einschränkung von Lebensmöglichkeiten in der Zukunft verleugnen. Sie müssen das Gefühl „Es ist ja wieder gut gegangen" immer wieder herbeiführen. Der Erfolg der Gewalt zieht immer wieder die Notwendigkeit nach sich, diesen Erfolg zu wiederholen und eventuell sogar die Gewalt zu steigern. Auch dies ist ein typisches Suchtphänomen.

Nur ein kleiner Teil der Bevölkerung glaubt grundsätzlich lieber der Be*un*ruhigung als der Beruhigung. Doch aus meiner Sicht ist auch dieser Teil der Bevölkerung bzw. dieser Anteil in jedem von uns nicht unbedingt frei von den Mechanismen der Sucht und der Selbstzerstörung. Neben einer durchaus realistischen Sicht der Gefahren findet sich hier gelegentlich eine ersatzweise Lust, schlechte Botschaften zusammenzutragen. Auch das kann helfen, die Angst vor diesen Botschaften zu vermindern. Häufig bietet hier das Gefühl der moralischen Überlegenheit über andere, die sich weniger oder gar nicht um die Gefahren der Zeit kümmern, eine Möglichkeit, Ohnmachtsgefühle in Feindbilder zu verwandeln. Der Suchtcharakter wird in der daraus folgenden Abhängigkeit deutlich: Man ist davon abhängig, diese Feindbilder aufrechtzuerhalten bzw. immer wieder Beweise dafür zu sammeln, daß „die anderen" immer noch uneinsichtig sind.

Das doppelte Bewußtsein vermindert die Angst und erhöht die Gefahr

Obwohl wir es gerne so hätten, daß immer nur die „anderen" blind oder böswillig sind, müssen wir doch bei genauem Hinsehen feststellen, daß jeder Mensch die Tendenz hat, die Realität so zu sehen, daß die eigene Handlungsfreiheit nicht eingeschränkt wird. Was unserer Handlungsfreiheit im Wege stehen könnte, wird nicht wahrgenommen oder nach außen hin verharmlost und verleugnet. Wenn die Lemminge „frei" sein wollen, lassen sie sich durch Meeresarme, die breiter sind, als sie sie schwimmend durchqueren können, in ihrem Zug nicht aufhalten.

Im Denken der Nationalsozialisten und in ähnlichen imperialistischen Ideologien der Gegenwart galt und gilt alles, was das

„raumgreifende" Handeln stört, als „Ungeziefer", das zu beseitigen ist. Auf psychischer Ebene wird alles, was die Ausbreitung der eigenen Machtsphäre stören könnte, aus dem Bewußtsein entfernt. Ich habe gelegentlich den Eindruck, daß hier – wie bei gewissen sexuellen Störungen – das „Machen" nicht durch störende Wahrnehmungen und Empfindungen behindert werden darf.[2] Das Gefühl der „Impotenz" wäre schwerer auszuhalten als die Realität (der Beziehung), und so wird einfach alles Störende (aus dem Bewußtsein) verdrängt. Die Handlungsunfähigkeit, die Störung der Bemühung „weiter so zu machen" wird mehr gefürchtet als die Zerstörung und Selbstzerstörung, die durch das So-weiter-Machen eintritt.

Die Angst davor, nicht mehr „weiter-so-machen" zu können, entspricht der Angst vor dem Gesichtsverlust. Wer in seiner psychischen Stabilität und in seinem Sicherheitsgefühl davon lebt, daß immer nur die anderen von ihm abhängig sind und nicht auch umgekehrt er selbst von den anderen abhängt, dem erscheint eine Veränderung seines Gesichts wie ein Verlust, wie eine Niederlage. Die Gesichtsveränderung würde darauf hindeuten, daß er *re*agiert hat, womöglich reagieren *mußte,* während das immer unveränderte Gesicht die Illusion zu bestätigen scheint, daß der „Maskenträger" immer nur der Agierende ist, der Herrscher, auf den sich alle anderen einstellen müssen. Wer es früh gelernt hat, daß man im Leben vor allem immer die Gewalt über sich selbst behalten muß, der kann sich nicht mehr vorstellen, daß ein Verlust dieser Gewalt über sich selbst ein Gewinn, ja ein Schritt der Befreiung sein könnte. Die „Befehlsgewalt" über sich selbst, über andere, über die Natur und über „das Atom" sichert die innere Statik der Persönlichkeit, wie die Stahlträger eine Betonkonstruktion sichern. Die Möglichkeit, aus der Sucht auszusteigen, das Gesicht zu verändern, die eigenen realen Abhängigkeiten zu akzeptieren, wird vom Süchtigen als eine psychische Destabilisierung erlebt und gefürchtet. Sie wird so lange vermieden, wie die „innere Bilanz" zugunsten der Erhaltung von Macht, Wohlstand und Kontrolle und zuungunsten von Lebendigkeit und Veränderung ausgeht.

Viele Süchtige leben mit einer doppelten Buchführung: Sie wissen einerseits sehr genau, wie schädlich ihr Suchtmittel ist, aber der Grad ihrer Abhängigkeit läßt sie andererseits keine Ausstiegsmöglichkeit aus der Sucht erkennen, und so behaupten sie nach außen hin die Ungefährlichkeit des Suchtmittels. Ihre gelegentlichen Lippenbekenntnisse über die Gefährlichkeit (des Rauchens, des Autofahrens, der Atomkraftwerke usw.) bleiben folgenlos, sie verhalten sich so, als wüßten sie nichts. Zu viel (Kapital, Prestige oder auch Autodestruktivität) haben sie schon „investiert", als daß sie noch umkehren könnten. So bleibt nur noch die Möglichkeit, wider besseres Wissen Theater zu spielen und insgeheim darauf zu warten, daß die große Katastrophe diesem großen Selbst- und Fremdbetrug ein gnädiges Ende bereitet, gnädig insofern als der (Selbst-) Betrug nicht mehr aufgedeckt wird. Wer tot ist, muß die Scham nicht mehr ertragen, daß sein Größenwahn als solcher entlarvt wird. Auch dieses Vorwegnehmen des psychischen Zusammenbruchs durch die Zerstörung des eigenen Körpers entspricht der Dynamik des Selbstmords.

Die Mechanismen der Verschleierung und der Mystifizierung von Gefahren waren und sind an der sich derzeit glücklicherweise verändernden Einstellung zur Nutzung der Atomkraft deutlich zu sehen: Lange Zeit glaubte der größte Teil der Bevölkerung, daß die „zivile" Nutzung der Atomkraft ökologisch ungefährlich und von der militärischen Nutzung zu trennen sei. Erst der Super-GAU in Tschernobyl ließ weite Kreise erkennen, daß nicht jede Form der Energiegewinnung auch dem Nutzen der Menschen dient. Bis dahin erschien die sogenannte friedliche Nutzung dieser ungeheuren Kraft den meisten als die Krönung des Industriezeitalters, das den Menschen endlich die Befreiung aus aller Not bringen sollte. Wir dachten, irgendwann einmal nicht mehr „im Schweiße unseres Angesichts unser Brot essen" zu müssen, den Rückweg ins Paradies und ins ewige Leben gefunden zu haben.

Um uns diese Illusion aufrechterhalten zu können, wurde ein großer propagandistischer Aufwand zur Verharmlosung der Atomenergie betrieben. Die dabei verwendeten Formulierungen verraten bei genauer Untersuchung die Tendenz, die Gefahr zu verschleiern. Viele Menschen in unserem Land folgten, mehr oder weniger unbewußt, aber bereitwillig, dieser Verschleierung. Das brachte wiederum andere Menschen dazu, angstvoll und wütend gegen diese „Mauer der Verleugnung" anzurennen. Die verwendeten Worte zeugen von dem Versuch des Selbst- und Fremdbetrugs im Dienste der „Handlungsfreiheit": So wurde lange Zeit behauptet, daß eine Wiederaufbereitungsanlage „zur Schließung des Brennstoffkreislaufs" nötig sei: Und wer wollte denn einen Kreislauf „offen" lassen? Oder die Wiederaufbereitung wurde als „Kernstück der Entsorgung" deklariert: Wer wollte gegen die „Entsorgung" sein, wer wollte die „Defäkation" behindern und so einen gefährlichen Stau der „Abfälle" hervorrufen, noch dazu, wo doch „Entsorgung" so ähnlich klingt, als handle es sich dabei um eine endgültige Entledigung von allen Sorgen? Und außerdem, wer wollte dieses gefährliche Gift, das Plutonium, nicht loswerden, wenn man es doch in einem Reaktor „verbrennen" konnte? Wir verbrennen doch sonst auch alles, was wir endgültig loswerden wollen. Die Wiederaufarbeitung, so hieß es, sei zur Trennung von Abfall und Wertstoffen nötig, das sei doch ein ökologisches Anliegen: Wer will denn eine „chemische Fabrik" verhindern, die der „Schonung von Rohstoffen" dient, indem sie ein „Recycling" zur „Wiederverwertung abgebrannter Kernbrennstäbe" möglich macht? Wir haben doch gelernt, daß man mit den Rohstoffen dieser Erde sparsam umgehen muß, um so mehr mit den gefährlichen und teuren Substanzen Uran und Plutonium. Und in dieser „Fabrik" sollte es ja ganz sauber zugehen. Dort sollte der hochradioaktive Abfall „in Glas eingeschmolzen" und später „im Salzstock begraben" werden; in der Wiederaufbereitungsanlage sollte es „Abklingbecken" geben, in denen die Radioaktivität langsam „abklingt".

Zum Glück hat diese Propaganda doch nicht ausgereicht, um die Bevölkerung von der Ungefährlichkeit einer solchen Anlage zu überzeugen. Aber alle diese Formulierungen wären nicht verwendet worden, wenn nicht in der Bevölkerung die Bereitschaft vorhanden gewesen wäre, ein doppeltes Bewußtsein zu entwikkeln: die Gefahr wahrzunehmen und doch nicht wahrzunehmen.

Die Angst davor, daß die Gefahr erkannt werden könnte, ist in vielen Fällen größer als die Angst vor der Gefahr selbst.

Magisches Denken und strukturelle Verantwortungslosigkeit

Das magische Denken bei Politikern und in der Bevölkerung spiegelt uns vor, daß wir die Erde und damit die Bewachung unseres atomaren Abfalls über Zehntausende von Jahren „im Griff" haben könnten. Dazu müßten entweder wir selbst unsterblich sein oder unsere Nachkommen müßten unseren Größenwahn in die Realität umsetzen können. Sie müßten Probleme bewältigen, die wir nicht lösen konnten. Viele Kinder leiden unter den Erwartungen und Aufträgen von Eltern, die ihre Größenphantasien selbst nicht verwirklichen konnten. Die Kinder bleiben dann auf dem „Abfall" sitzen, durch den sie von Generation zu Generation mehr eingeschränkt werden. Der „Imperialismus" ihrer Eltern, deren rücksichtsloses Verfügen über die Lebensumstände der Kinder machen das Weiterleben der Menschheit fraglich oder zumindest sehr gefährlich.

Und die „Kinder", die Bevölkerung? Sie versuchen immer wieder zu glauben, was ihnen gesagt wird. Sie hoffen lieber als sich zu fürchten – auch wenn sie dabei halb oder ganz bewußt wissen, daß dieses Hoffen, das auf Verleugnung beruht, gefährlich ist. Wir sind es gewöhnt, gegen Bezahlung durch die Medien „anregend erschreckt" zu werden und uns dadurch immer wieder bestätigen zu lassen, daß alle Schrecken dieser Welt haus- oder mediengemacht sind und deshalb auch wieder weggezaubert werden können. Normalerweise braucht man ja nur den Fernsehapparat abzuschalten, wenn einem die Schrecken zuviel werden.

Wir glauben auch gerne an den „Rechtsstaat" als einen Garanten unserer Sicherheit. Als kleine Kinder schon lernten wir, daß Katastrophen nur dann eintreten, wenn man Gesetze übertritt. Was nicht verboten ist, ist richtig; was Geld bringt, ist wichtig; was unter den „Grenzwerten" liegt, ist harmlos. Wie die Kinder an die Allmacht der Eltern, so glauben wir an die Allmacht der Regierenden und der Gesetze. Wir phantasieren uns eine weltumspannende und funktionierende Kontrolle des spaltbaren Materials, einfach weil das doch so sein muß. Aus Angst vor der Erkenntnis der Wahrheit, vor der Erkenntnis, daß es nirgends omnipotente Eltern gibt, die aufpassen, daß nichts Schlimmes passiert, aus Angst vor der Erkenntnis, daß wir selbst, jeder und jede einzelne von uns, tatsächlich die letzte Instanz sind, die verantwortlich ist, aus diesen und anderen Ängsten leben wir in einer Scheinwelt, die uns viele Konflikte erspart, aber die Gefahr nicht verringert.

Es gibt auch eine „innere Rechtsstaatlichkeit", die schon einmal im „Dritten Reich" besonders gefährlich wurde, und die wir daher eigentlich gut kennen müßten: Das Bewußtsein eines Menschen richtet sich auch danach, welche Funktion dieser Mensch im Staat hat. An welchem Posten auch immer er steht, und sei es der Posten eines KZ-Aufsehers, er unterscheidet Gut und Böse danach, ob er seine Pflicht erfüllt oder ob er es nicht tut. Die Ursache der Verantwortungslosigkeit so vieler einzelner liegt weitgehend in den staatlichen oder betrieblichen Strukturen, denen sich Menschen einfügen und so zum „kleinen Rädchen" werden, das „nur seine Pflicht tut". Man verharmlost die Geschichte, wenn man sich vorstellt, daß die damals Verantwortlichen alle „böse" Menschen oder Überzeugungstäter waren. Es waren Menschen wie jeder von uns, deren Bewußtsein sich in einer bestimmten Funktion an die Werte dieser Funktion oder Aufgabe angepaßt hatte. Die Identifikation mit der Funktion erschwert die Erkenntnis, daß und inwiefern eventuell diese Funktion selbst zu kritisieren ist. Die Verantwortlichkeit des einzelnen verschwindet in der Vielfalt der bürokratischen Regelungen. Die Zuständigkeiten werden hin und her geschoben wie das „sensible" atomare Material, solange bis niemand mehr weiß, wo es hingehört und wer dafür verantwortlich ist. Der einzelne fühlt sich immer nur punktuell verantwortlich und ist zufrieden, wenn in seinem kleinen Bereich alles „mit rechten Dingen" zugeht. Wer eine Aufgabe im Bereich der Atomindustrie hat, für den geht es nicht nur um seine materielle Existenzsicherung, wenn er diese Aufgabe ausführt und dabei von der globalen Gefährlichkeit dieser Technik nichts wahrnimmt. Er könnte auch seine Aufgabe nicht damit vereinbaren, ihre Sinnlosigkeit und Gefährlichkeit wahrzunehmen, und so glaubt er an ihren Sinn. Der Widerspruch zwischen Auftrag und Sinn wäre nicht auszuhalten.

Ein Rezept für den Ausstieg?

Aber wie kann nun dieser Zug der Lemminge aufgehalten werden, wie kann der einzelne dazu gebracht werden, nicht mitzulaufen, wo er doch rechts und links, vor sich und hinter sich, nur immer die anderen laufen sieht? Als einzelner hat er ja keinen Überblick über die Gefährlichkeit der vor ihm und vor allen liegenden Wegstrecke. Für die Behandlung von süchtigen und selbstdestruktiven Menschen gibt es kein Rezept, das den Erfolg garantiert. Es gilt der banale Satz: Wo eine Besserung möglich ist, da ist sie möglich. Um wieviel weniger kann es Rezepte geben, die für eine ganze Gesellschaft anwendbar sind! Und wer sollte sie auch anwenden, da wir doch alle mehr oder weniger an dem gemeinsamen Zug der Lemminge beteiligt sind? Aus objektiven und aus subjektiven Gründen ist jeder einzelne von uns nur sehr beschränkt in der Lage, die Gefahren wirklich zu überblicken und ungefährliche Wege zu erkennen.

Ich kann zwar keine Rezepte formulieren, doch ich kann versuchen, den Prozeß der Bewußtseinsveränderung zu beschreiben, der es einzelnen möglich macht, ein wenig mehr Eigenbewegung zu riskieren und so dem Sog des allgemeinen Trends der Zerstörung und Selbstzerstörung zu entgehen. Wie wir gesehen haben, geht es für den Süchtigen immer darum, sich durch die Unterdrückung von Angst ein (falsches) Sicherheitsgefühl zu verschaffen. Es stellt sich also die Frage, wie eine andere Art von Sicherheitsgefühl, die nicht auf Selbsttäuschung beruht, erreicht werden kann. Und es stellt sich außerdem die Frage, unter welchen Umständen Menschen überhaupt bereit und fähig sind, auf ihre Suchtmittel zu verzichten. In der Psychotherapie weiß man, daß Veränderungen nur möglich sind, wenn ein Leidensdruck besteht, d. h. wenn der Status quo als unangenehmer erlebt wird als die Veränderung. Das ist bei Süchtigen besonders schwierig, weil sie sich mit Hilfe des Suchtmittels ersatzweise glücklich machen können und so das Unglück des Status quo nicht bewußt erleben müssen.

Eine andere Frage ist die, ob wir einzelnen überhaupt aussteigen können, da doch alle unsere Lebensvollzüge auf den „Zug" der ganzen Herde abgestimmt sind. Wie sollen wir ohne Verbrauch von Fremdenergie über große Entfernungen von einem Ort zum anderen kommen? Wie sollen wir Nahrungsmittel essen, die nicht transportiert wurden? Wir alle sind nicht nur in unserem Bewußtsein, sondern auch in unseren ganz konkreten Lebensmöglichkeiten von der allgemeinen Entwicklung abhängig. Wir können öffentliche Verkehrsmittel nur benützen, wo sie vorhanden sind, und wir können veränderte Denk- und Lebensformen nur im Rahmen dessen finden, was gleichzeitig um uns herum gedacht und getan wird. Eine gesamtgesellschaftliche Entwicklung kann nicht von einzelnen *gemacht* werden; einzelne können sich nur immer an Entwicklungstendenzen *beteiligen*, die nach ihrer Meinung aus dem kollektiven Zwang zur Zerstörung und Selbstzerstörung herausführen. Und der Ausstieg kann immer nur in vielen kleinen Schritten geschehen, in Schritten, die der Größe des einzelnen angemessen – also nicht zu groß und zu klein – sind.

Fanatische Tendenzen beim Versuch, die Welt zu retten

Das menschliche und persönliche Maß und auch die Abhängigkeit des einzelnen von den Entwicklungsmöglichkeiten der Gemeinschaft zu berücksichtigen, ist aber für viele Menschen nur schwer auszuhalten. So verfällt die Abhängigkeit von den eigenen Kräften und von anderen Menschen dem „unzulässigen Wissen", das heißt: Sie wird verleugnet. An die Stelle der Anerkennung unserer jeweils realen Größe bzw. Kleinheit treten Heilsphantasien. Einzelne Prediger des „totalen Ausstiegs" treten hervor, viele

Menschen folgen ihnen, weil die Prediger die Gefahren oft sehr wortgewaltig und „total" beschreiben und gleichzeitig auch die Ausstiegsmöglichkeiten nach dem Alles-oder-Nichts-Prinzip darstellen: „Wenn alle Menschen sofort das ... tun, wird die Welt gerettet, tun sie es nicht, dann geht sie unter." Falsche, vereinfachende Drohungen und ebenso falsche und vereinfachende Versprechungen helfen, die Angst zu kanalisieren und schließlich zu verdrängen. In der Verunsicherung suchen viele Menschen Gurus, die sich selbst großartig fühlen, wenn sie unentwegt von dem Abgrund sprechen, dem wir uns unaufhaltsam nähern, und Rezepte bereithalten, die die Rettung versprechen: die „totale" spirituelle Erneuerung oder auch die Gewaltanwendung gegen die Mächtigen, die in diesem Weltbild als die Alleinschuldigen gelten.

Gurus aller Art, auch „Gurus" unter den Politikern, werden durch geschickte Manipulation der allgemeinen Angst attraktiv und mächtig. Die Möglichkeit, an den Größenphantasien solcher Gurus zu partizipieren, vermindert die Angst. Zumeist versprechen sie ihren „Gläubigen" in irgendeiner Weise, sie von der Angst zu befreien, sei es durch systematische Verharmlosung der existentiellen Gefahren, in denen wir leben, sei es durch systematische „Vergrößerung" der Gefahren, die die „Gläubigen" dazu bringt, jede Eigenaktivität aufzugeben und sich und ihre Hoffnung nur noch der zentralen Verkündigung des Gurus oder einer „Guru-Partei" zuzuwenden.

Größenphantasien verhindern allerdings auch immer eine angemessene Aktivität. Wer genau zu wissen glaubt, was richtig und was falsch ist, wer auf dem richtigen und wer auf dem falschen Weg ist, der braucht sich selbst nicht mehr zu hinterfragen, der braucht sich selbst nicht mehr zu bewegen. Angemessene Schritte kann man nur unternehmen, wenn man auf Größenphantasien verzichtet (die immer auch Machtphantasien sind). Die Fähigkeit, auch aus den eigenen Irrwegen zu lernen, hat man nur, wenn man sich selbst solcher Irrwege für fähig hält und sie sich auch zugesteht, nicht wenn man die Irrwege und Fehler prinzipiell nur bei anderen sieht und bekämpft.

Die fanatischen Tendenzen in unseren Phantasien über die Möglichkeiten, aus dem Zug der Lemminge auszusteigen, spiegeln unsere Suchtprobleme noch einmal wider. Auch hier sind wir eingebunden in die Denkstrukturen unserer Gesellschaft und unserer Zeit. Die Fanatiker und die fanatischen Anteile in jedem von uns sagen: Entweder es geht alles, oder es geht gar nichts. Dieses Prinzip ist zugleich die Grundlage unserer Misere: Die kleinen Schritte gelten nicht, unsere reale Größe bzw. Kleinheit genügen nicht. Wir glauben, auch für den Ausstieg aus der Sucht 200 „Menschenstärken" haben zu müssen, um alles auf einmal „richtig" machen zu können, denn sonst, so fürchten wir, geht gar nichts. Die Resignation ist der ständige heimliche Begleiter jeder Größenphantasie.

Fanatiker und Radikale aller Richtungen leben wie andere Süchtige auch davon, Ohnmacht in Macht zu verkehren. Deshalb sind sie oft empört, wenn sie auf ihre reale Größe angesprochen werden. Wenn wir den Ausstieg aus der Sucht nicht in diesem Sinne „fanatisch" versuchen wollen, sondern uns dabei auf unsere reale Größe, auf unsere realen Kräfte verlassen, dann bemerken wir, daß wir nicht alles können. Doch vor allem bemerken wir auch, daß wir nicht nichts können, und daß wir deshalb weder zu resignieren noch zu triumphieren brauchen. Dann erleben wir uns gleichzeitig als persönlich bedroht und als an der Bedrohung persönlich beteiligt. Wir erkennen, daß wir keinen archimedischen Standpunkt außerhalb von einer ohne unser Zutun laufenden Maschine einnehmen können; wir sind betroffener und beteiligter Teil des Ganzen. Darin liegt nicht nur unsere Tragik; in der Erkenntnis dieser Situation liegt auch unsere Chance.

Goethes Zauberlehrling kannte den Zauberspruch nicht, mit dem er den Besen, der zuerst zum Diener und dann zum bedrohlichen Ungeheuer geworden war, wieder in seiner Ecke zurückbefehlen konnte. Ich glaube nicht, daß wir auf einen „Meister" warten können, der diesen Spruch kennt. Zaubersprüche und Appelle können hier sowieso nichts ausrichten. Wir müssen den „Besen" wohl mit unseren eigenen Händen und mit den uns jeweils zur Verfügung stehenden (geringen) Kräften anfassen. Das heißt, wir müssen uns konkret anders verhalten, wenn sich sowohl die Realität als auch unser Bewußtsein verändern soll. Man kann Veränderungen mit den unterschiedlichsten Begründungen vor sich herschieben: weil die anderen ja doch nicht mitmachen, weil wir lächerlich wirken würden, weil die Mächtigen ja doch nicht auf uns hören, weil das, was ich kleiner Mensch tue oder unterlasse, ja doch nicht ins Gewicht fällt usw. Bewußtsein verändert sich aber auch durch verändertes Handeln, zum Beispiel durch die Erfahrungen von Erfolg und Mißerfolg beim Versuch, mit Andersdenkenden oder „Mächtigen" einen kritischen Kontakt aufzunehmen.

Für den Ausstieg aus der Gefahr ist also prinzipiell der Ausstieg aus Größen- und aus Kleinheitsphantasien nötig. Ohne die Lernfähigkeit und „Wendigkeit" einzelner Menschen und kleiner Gruppen, die immer wieder versuchen, ihre Erfolge und Mißerfolge vor dem Hintergrund ihrer eigenen Größen- und Kleinheitsphantasien zu reflektieren, ist kein Ausstieg aus der Sucht möglich. Eine solche den Fanatismus als Angstbewältigungsmittel relativierende Kultur kann allmählich, in kleinen Schritten, bei der Veränderung des eigenen Bewußtseins und bei der Entwicklung von mehr zivilem Mut helfen.

Es ist schwer, eine realistische Verbindung zwischen dem Nötigen und dem Möglichen zu finden

In der Partei der Grünen zeigte sich in den letzten Jahren eine Kontroverse zwischen sogenannten Fundamentalisten und sogenannten Realisten, die nach meiner Ansicht symptomatisch ist für fast alle Diskussionen über die Möglichkeiten, aus dem Zug der Lemminge auszusteigen. Auch wenn die Kontroverse inzwischen zugunsten der „Realisten" ausgegangen ist (jedenfalls was ihre Vertretung in der offiziellen Politik betrifft), so finden sich doch immer noch in allen Diskussionen über Umweltprobleme Menschen, die „große Schritte" fordern, weil sie nötig sind, und Menschen, die „kleine Schritte" fordern, weil sie möglich sind.

Große und grundsätzliche Entwürfe alternativer Weltbilder scheinen gegen pragmatische Überlegungen zu stehen. Auf der Seite der „Fundamentalisten" herrschen pauschale Beurteilungen vor und der Verdacht, daß die „kleinmütige" Beschäftigung mit kleinen Schritten nur von den grundsätzlichen Problemen ablenke. Wenn man sich zu viel danach richte, was möglich ist, sehe man nicht mehr, was nötig ist. Auf der Seite der „Realisten" wird der Vorwurf erhoben, daß „Einsicht alleine und eine neue Spiritualität gar nichts ändern." Wenn man nur immer danach rufe, was nötig ist, übersehe man, was möglich ist.

Im Auseinanderfallen und in der Polarisierung dieser beiden Strömungen sehe ich das schon beschriebene Schwanken zwischen Fanatismus und (gelegentlich ebenso fanatischem) Realismus in jedem von uns. Da Größenphantasien und Resignation die beiden Seiten derselben Medaille sind, ist es für uns alle nicht leicht, beim Werfen dieser Münze nicht immer nur eine Seite oben zu sehen. Die Verbindung beider Seiten, die Fähigkeit, das Nötige mit dem Möglichen zusammenzusehen und die Spannung auszuhalten, die im Auseinanderklaffen von Nötigem und Möglichem besteht, würde den Ausstieg aus jeder Art von Fanatismus mit sich bringen.

Totale Forderungen sind wichtig, soweit sie Prinzipielles aufzeigen, etwa das Prinzip der Dezentralisierung als möglichen Weg zum Abbau von Gewalt und Zerstörung. Totale Forderungen sind destruktiv, wenn sie sich festsaugen an totalen Untergangsphantasien und an totalen Heilsphantasien. Dann wird jeder kleine Schritt und jede allmähliche Veränderung diffamiert und so die Bewegung einzelner verhindert. „Realistische" Überlegungen und Initiativen sind nötig, soweit sie den Bezug zum Status quo herstellen. Sie sind (selbst-)destruktiv, wenn sie Ausdruck von Resignation und Konfliktvermeidung sind. „Realismus" als Konfliktvermeidung und als Anpassungsstrategie zum Zweck des Machtgewinns ist die unrealistische Gegenseite der ebenso unrealistischen Untergangsdrohungen und Heilsversprechen.

In beiden Formen des Fanatismus wird die *Realität der menschlichen Psyche* zu wenig beachtet. Wir Menschen haben eine übergroße Anpassungsfähigkeit und Anpassungsbereitschaft. Das macht unsere Chancen, aber auch unsere Gefährdung aus. Wir sind sehr leicht bereit, uns mit veränderten Lebensbedingungen abzufinden, sei es mit einer vergifteten Umwelt, sei es mit einem Wirtschaftssystem, das uns unsere Suchtmittel gegen immer höhere Kosten an Zerstörung und Selbstzerstörung bereitstellt. Wir halten sehr schnell alles, was wir vorfinden, für normal und damit für richtig. Um das Gefühl zu haben, daß wir „dabei sind", vergewaltigen wir unsere primären Bedürfnisse und unsere persönlichen Gefühle, etwa indem wir uns der allgemeinen Resignation anschließen und uns mit dem „Genuß" von Suchtmitteln zufrieden geben, oder indem wir uns sektenartigen Gruppierungen anschließen, die die Angst durch Idealisierung einer Idee oder eines Führers zu bewältigen versuchen. Das Bedürfnis, dazuzugehören, nicht alleine zu stehen, und auf diese Weise allzu großen Ängsten und Konflikten zu entgehen, ist so stark, daß nicht nur unser Handeln, sondern auch unsere Wahrnehmung wesentlich von diesem Wunsch geprägt wird. Wir sehen die Welt einfach so, wie wir sie diesem Wunsch entsprechend haben wollen.

Aufgrund dieser Erkenntnis halte ich es für nötig, Aufklärung und vor allem Selbstaufklärung zu betreiben, sowohl was die objektiven Gegebenheiten betrifft, als auch was die subjektiven, die psychischen Gegebenheiten betrifft. Umweltverträglichkeitserklärungen als „Beipackzettel" zu jedem Produkt und bürgernahe Umweltberatungsstellen sind ebenso nötig wie Aufklärungsversuche über die eigenen inneren Widerstände, die Realitäten so wahrzunehmen, wie sie sind. Aber auch hier ist grundsätzlich die Toleranz gegenüber den eigenen und fremden Verdrängungstendenzen der Weg, auf dem sich etwas verändern kann, während die (fanatische) Diffamierung der Abwehrnotwendigkeiten diese nur verstärkt. Es wäre schön, wenn in dem Streit zwischen „Fundamentalisten" und „Realisten" die Fähigkeiten jedes einzelnen wieder für wertvoll gehalten werden könnten: sowohl die Fähigkeit, grundsätzliche Prinzipien der Veränderung zu erforschen als auch die Fähigkeit, konkret mögliche und nötige Schritte auf einem gemeinsamen Weg zu erkennen und zu machen.

In jedem kleinen Schritt, in jeder einzelnen Entscheidung stellt sich die Frage, wie dieser Schritt zu den erkannten oder noch zu suchenden Grundprinzipien des Ausstiegs aus der Zerstörung paßt, und ob er in seiner Größe den notwendigen Veränderungen entspricht. Jeder Schritt, der getan und der nicht getan wird, muß persönlich verantwortet werden und die Folgen jeder Entscheidung müssen getragen werden. Die Entscheidung für die Angemessenheit seiner Schritte kann man niemandem abnehmen. Er wird sie sowieso immer seiner eigenen Angsttoleranz entsprechend treffen. Aber man kann immer wieder nach der Angemessenheit der eigenen Schritte und der Schritte anderer fragen, man kann in einem Klima der gegenseitigen Toleranz die Reflexion darüber anregen, ob die jeweiligen Schritte der Situation und den (wirklichen) Bedürfnissen und Kräften der Person angemessen sind.

Schuldzuschreibungen stabilisieren den Status quo

In der Polarisierung zwischen „Fundamentalisten" und „Realisten" spielen Schuldzuschreibungen eine große Rolle. Wie in familiären Konflikten stabilisieren auch im politischen Feld die Schuldzuweisungen den Status quo. Diese Behauptung muß ich erläutern, da sie leicht mißverstanden werden kann. Ich halte es für wichtig, zwischen einem *kreativen Schuldbewußtsein* einerseits und der *Anschuldigung* anderer oder der *Selbstbeschuldigung* andererseits zu unterscheiden. Das kreative Schuldbewußtsein schließt das Leiden und Mitleiden ein. Es ist das schmerzliche Erleben, an destruktiven Prozessen selbst beteiligt zu sein, das zum Versuch der Umkehr, zur Veränderung dieser Beteiligung drängt. Dieses Schuldbewußtsein meine ich nicht, wenn ich sage, daß Schuldzuschreibungen den Status quo stabilisieren.

Ich meine vielmehr die oft rituell anmutende Anschuldigung anderer, durch die das Bewußtsein der eigenen Beteiligung und die eigene Angst vermindert werden. Wenn wir Angst bekommen oder unsicher werden, tendieren wir alle mehr oder weniger dazu, einen Schuldigen zu finden, das Bild eines Feindes aufzubauen, der uns scheinbar durch sein Sosein daran hindert, selbst etwas zur Veränderung der Situation beizutragen. Das Denkmuster heißt dann: „Ich kann ja nicht ..., weil der ..." Oder: „Wir können ja nicht ..., weil die ..."

Bei unseren Politikern ist diese lähmende Verklammerung verhältnismäßig leicht zu erkennen. Hier sehen wir, wie die einen oft deswegen etwas tun, weil es die Gegenseite, der sogenannte politische Gegner *nicht* will. Die öffentlichen Schaukämpfe bestehen dann aus mehr oder weniger leeren Floskeln, in denen jeweils die andere Seite als Verursacher des Unglücks dargestellt wird. So behaupten z. B. manche „Schwarze", die Grünen seien an den Ängsten der Bevölkerung schuld, weil sie nichts anderes könnten als Panik zu machen und Chaos zu verbreiten. Und bei den Grünen gibt es Tendenzen, die „Schwarzen" für alleine schuldig an der Umweltkatastrophe zu erklären, weil diese zur Erhaltung ihrer wirtschaftlichen und politischen Macht mit Absicht und Vorsatz die Natur zerstörten. Mir geht es hier nicht um den Wahrheitsgehalt der jeweiligen Vorwürfe, sondern um ihre Funktion bei der Polarisierung zwischen zwei Gruppierungen. Ich verstehe, daß diese Polarisierung nötig ist, um die jeweils eigene Unsicherheit zu vermindern; ich sehe, daß die Schuldzuschreibung an das jeweils andere Lager bei den eigenen Anhängern zumeist propagandistisch erfolgreich ist. Doch ich sehe auch, daß sie die gemeinsamen Bemühungen um die Erhaltung des Lebens und die dazu notwendige Verbesserung der politischen Kultur lähmen. Bildlich gesprochen sieht das so aus, als würden zwei Gruppen von Lemmingen mit gleicher Kraft an einem Seil in entgegengesetzte Richtungen ziehen und darüber die Fähigkeit verlieren, gemeinsam den Zug in die Gefahr aufzuhalten.

Ich möchte noch einmal deutlich machen, daß ich nicht die politische Auseinandersetzung an sich für schädlich halte, sondern die in dieser Auseinandersetzung oft enthaltene Diffamierung der politischen Gegner. Diese ist natürlich nicht nur bei unseren Politikern, sondern auch in den politischen Phantasien jedes einzelnen Menschen zu beobachten.

Daß sich verschiedene Gruppen durch gegenseitige Entwertung und Anschuldigung gegenseitig blockieren und dadurch gemeinsam die Veränderung behindern, ist verhältnismäßig leicht zu verstehen. Schwieriger zu verstehen ist die Behinderung im Veränderungsprozeß, die wir uns alle mehr oder weniger selbst antun, wenn wir uns in Selbstbeschuldigungen festsetzen. Gerade wir Deutschen haben eine Tendenz, Veränderungen durch die Feststellung von Schuld (bei uns selbst oder bei anderen) zu vermeiden. (Ich meine hier nicht das Erkennen von Schuld!) Bei Verunsicherung stabilisieren wir uns, indem wir „Lager" in unserem Bewußtsein errichten. Je größer die Selbstunsicherheit, desto deutlicher wird zwischen dem Lager der Freunde und dem Lager der Feinde unterschieden. In der Phantasie werden dann die Fehler immer nur im anderen Lager gemacht, die „richtigen" Schritte im eigenen Lager. Wer diese Gegnerschaft in Frage stellt, gerät leicht in den Verdacht, „Chaos" zu verursachen, „untreu" zu sein, oder zum Gegner „überzulaufen", d. h. er wird innerlich und äußerlich sofort ins andere Lager geschickt.

Diese Tendenz ist nach meiner Ansicht auch darin zu erkennen, wie wir mit den Problemen der Zukunft umgehen. Viele von uns sind schon zufrieden, wenn sie sich vorstellen, daß an diesen Problemen sowieso nur die anderen schuld sind, und daß sie sich selbst deswegen gar nicht zu engagieren brauchen, oder – und dies ist die Umkehrung desselben Mechanismus – man stellt sich vor, daß wir alle so schlecht sind, daß wir gar nichts anderes verdienen als den Untergang, ja daß die Bestrafung zwangsläufig dem Frevel folgt. Auch dieses Sich-Festklammern an der eigenen Schuld und an der Aussichtslosigkeit verhindert die eigene Veränderung und das eigene Engagement. Es bringt dem einzelnen das Gefühl, „gut" zu sein, weil er seine Schuld nicht verleugnet, beruht aber ebenso auf Polarisierung: Die anderen sind die „Bösen", weil sie ihre Schuld verleugnen, wir sind die „Guten", weil wir uns zu unserer Schuld bekennen. Auch ein solches Schuldbekenntnis trägt meist nur zur Verhärtung der Fronten bei. Wenn es schon genügt, „besser" zu sein als andere, die ihre Schuld verleugnen, dann braucht man sich selbst nicht mehr zu verändern. Wir stehen in allen unseren Beziehungen immer wieder vor der Frage, ob es uns um Anschuldigung, Bestrafung und Ausstoßung geht oder um wirkliche Veränderungen, die immer nur gemeinsam herbeigeführt werden können.

Aus solchen Überlegungen wird deutlich, daß für den Ausstieg aus dem Zug der Lemminge dringend die Entwicklung einer neuen politischen Kultur erforderlich ist. Wenn nicht mehr nach dem Recht des Stärkeren gewählt und regiert werden soll, sondern die Chancen der Fürsorglichkeit entdeckt und genutzt werden sollen, müssen sich auch unsere politischen Phantasien und unser politisches Handeln verändern. Die Fanatiker in der Gruppe der jeweils anderen sind relativ leicht zu erkennen; um die Fanatiker in den eigenen Reihen zu entdecken, brauchen wir schon mehr Mut; und die eigenen Tendenzen, bei Verunsicherung mit Fanatismus und Schuldzuweisungen zu reagieren, sind am schwersten zu erkennen und noch schwerer zu verändern.

Trotzdem führt der Weg aus Zerstörung und Selbstzerstörung nur über eine erhöhte Konfliktfähigkeit in den eigenen Reihen und über eine verbesserte Qualität des Umgangs mit Andersdenkenden. Wir brauchen dringend die Vielfalt der Meinungen, aber wir können nicht die Vielfalt predigen und gleichzeitig diejenigen entwerten, die unserem Anspruch an Vielfalt nicht entsprechen. Zu leicht wird immer wieder eine an sich gute Idee zum Ideal, das dann als Waffe gegen andere eingesetzt wird. Der Anspruch an Vielfalt ist immer auch ein Anspruch an die eigene Konflikttoleranz, die leider oft nicht so groß ist, wie man sie von anderen erwartet.

Die Auswahlkriterien für politische Repräsentanten werden sich ändern müssen; nicht die großen Propagandaredner von welcher Seite auch immer sind heilsam für unsere zerstörten zwischenmenschlichen Beziehungen, sondern Menschen, die fähig sind zur Selbstreflexion, zur Veränderung, sobald neue Wege aus der Gefahr zu erkennen sind. Nicht wer die Feindbilder politischer Gegner besonders gut ausschmücken kann, ist ein guter Repräsentant für die Überlebenswünsche des Volkes, sondern wer fähig ist, *gleichzeitig* Gefahren und Möglichkeiten zu sehen. Denn er sieht die Realität am deutlichsten.

Eine neue Ethik?

In letzter Zeit wird oft von der Notwendigkeit einer neuen Ethik gesprochen: Wir müßten begreifen, daß wir nicht alles tun dürfen, was wir tun können. Das ist sicher ein Schritt in der Entwicklung unseres Bewußtseins, der die Grenzen unserer scheinbaren Freiheit bewußt macht. Die Lemminge stellen sich sozusagen an der Meeresküste ein Schild auf: „Weiterlaufen verboten". Aber viele Lemminge erleben solche Verbote grundsätzlich als unerträgliche Einschränkungen ihrer Freiheit und rebellieren, mehr oder weniger bewußt, aber von einer inneren Notwendigkeit getrieben, gegen solche Grenzen. Wenn sie als Kinder vorwiegend mit Drohungen und Strafen erzogen wurden, wenn ihnen ihre Eltern nicht das Gefühl gaben, daß sie sie schützen wollen und daß sie sich mit fortschreitender Entwicklung zunehmend selbst schützen können und müssen, dann glauben sie, daß die Entscheidungen im Leben grundsätzlich nur zwischen zwei Möglichkeiten zu treffen sind: Entweder man bleibt „brav" innerhalb der von außen gesetzten Grenzen, oder man überschreitet, „böse" und „frei", diese Grenzen und fühlt sich dadurch „selbständig" und „erwachsen".

Wenn die Eltern den Kindern aber durch ihre eigene Haltung (nicht durch Moralpredigten!) vermittelt haben, daß es im Leben nicht nur um die Alternative geht, entweder Einschränkungen hinzunehmen, oder sich von Vorschriften zu befreien, sondern vor allem um die Bewahrung des Lebens, des eigenen Lebens und des Lebens der Mitmenschen und der Umwelt, dann können die Kinder ein Gefühl dafür entwickeln, daß sie jeweils Entscheidungen treffen, die sie selbst verantworten müssen. Es sind dies im Prinzip Entscheidungen darüber, ob sie sich selbst und andere zerstören *wollen* oder nicht. Die Fähigkeit zum Leiden und zum Mitleiden und auch die Fähigkeit zur Antizipation, zum Vorhersehen der Folgen des eigenen Tuns, kann uns helfen, ein anderes Lebensgefühl zu entwickeln. Ein Lebensgefühl, in dem wir uns auch frei fühlen zu tun, was wir wollen; dies aber nicht, weil wir uns über Grenzen hinweggesetzt haben, sondern weil wir uns selbst und andere nicht zerstören wollen.

Eine solche neue Ethik kann nur aus eigenen Erfahrungen entstehen, z.B. aus der Erfahrung, von den Eltern geliebt und geschützt worden zu sein. Nur wer sich beschützt fühlt, kann sich selbst und andere schützen. Nur wer in seiner Entwicklung einen geschützten psychischen Freiraum für seine eigenen Entscheidungen hatte, fühlt sich verantwortlich für das, was er tut, und muß nicht unentwegt seine eigenen Schuldgefühle durch Anklagen anderer bekämpfen. Er kann auch leichter aus dem allgemeinen Zug der Lemminge aussteigen und sich für eigene kleine Schritte in eine andere Richtung entscheiden.

Eine neue Ethik kann nicht durch Gewalt vermittelt und durchgesetzt werden. Wir Süchtigen dieser Welt im engeren und im weiteren Sinn werden unsere Abhängigkeit von den verschiedenen Drogen erst aufgeben können, wenn wir ein anderes Bewußtsein entwickeln, wenn wir andere Vorteile erkennen können als die Vorteile der Macht. Ich halte die sozialdarwinistische Vorstellung für veraltet, die annimmt, daß sich unter den Menschen immer die Stärkeren durchgesetzt haben, und daß dieses Prinzip wesentlich zum Überleben der Menschheit beigetragen hat. Ich glaube, daß Mitgefühl und Hilfsbereitschaft schon immer weit mehr zum Überleben der Menschen beigetragen haben als die Macht des Stärkeren.[3] Das wurde uns bisher noch nicht so bewußt, weil die Macht des Stärkeren bisher noch nie so „effektiv" war, weil die Möglichkeiten der Gewaltanwendung in jeder Form noch nie so vernichtend waren wie heute. Die Fürsorglichkeit als Vorteil vor allem auch für die Fürsorglichen selbst ist im Prinzip in allen Weltreligionen enthalten. Sollten wir nicht erkennen können, daß es unser Vorteil ist, wenn wir unsere Umwelt und unsere Mitmenschen bewahren *dürfen?*

Dem Süchtigen machen alle Grenzen Angst, an die er stößt. Deshalb *muß* er sie sofort überschreiten, wenn er sie fühlt. In dem schwierigen Prozeß des Ausstiegs aus der Sucht geht es um die Frage, ob der Süchtige die *Heilsamkeit seiner Grenzen* erleben kann. Eine Veränderung unseres süchtig-imperialistischen Bewußtseins ist nur möglich, wenn wir unsere Grenzen dankbar annehmen können, und zwar als Begrenzungen eines Raumes, in dem wir uns geborgen fühlen können. Ich glaube nicht, daß wir Lemminge das Schwimmen überhaupt aufgeben müssen, daß wir von vorneherein jede Art von Technik verteufeln müssen. Wenn wir die Folgen unseres Tuns sehen können und dort vorsichtig sind, wo wir diese Folgen nicht überblicken können, ist es uns vielleicht doch zunehmend möglich, in dem geborgenen Raum unserer Grenzen zu bleiben bzw. nur solche Schwimmversuche zu unternehmen, die unserem Schwimmvermögen entsprechen.

Wege aus der Gewalt

Nachdem ich nun in diesem Buch einige der vielen Konfliktfelder untersucht habe, in denen Gewaltphantasien und Gewalthandlungen eine Rolle spielen, will ich in dem hier folgenden Kapitel noch einmal grundsätzlich auf die Schwierigkeiten und Möglichkeiten der Auflösung von Gewaltstrukturen eingehen. Mir scheint, daß es hier prinzipielle Probleme und Chancen gibt, die überall wieder auftreten, sei es in Partner- oder Eltern-Kind-Beziehungen, sei es in beruflich-institutionellen Beziehungen oder auch in politischen Zusammenhängen. Natürlich folgen diese unterschiedlichen Beziehungen auch ihren jeweils spezifischen Gesetzmäßigkeiten, natürlich kann man sie auch von anderen (wissenschaftlichen) Standpunkten aus betrachten – trotz aller Vielfalt der möglichen Perspektiven möchte ich hier darstellen, welche Gesetzmäßigkeiten ich aus meinem Blickwinkel bisher herausfinden konnte.

Die Kettenreaktion: Gewalt gegen Gewalt

Ein großes Problem beim Umgang mit intrapsychischen und interpsychischen Gewaltsystemen besteht darin, daß Gewalt die Tendenz hat, sich wiederholend „fortzupflanzen". Wenn zwei Personen oder Gruppierungen miteinander in einen „Krieg" geraten sind, ist es meist sehr schwer, diesen Krieg zu beenden – schwer für sie selbst und für Außenstehende. Auf einen Schlag folgt zumeist ein Gegenschlag. Der „Täter" kann nicht aufhören zuzuschlagen, weil er seine eigenen Schuldgefühle zu unterdrükken versucht, indem er, fortgesetzt auf sein Opfer einschlagend, seine Taten zu rechtfertigen glaubt, und weil er fürchtet unterzugehen, wenn er „nachgibt". Das „Opfer" kann nicht aufhören sich zu wehren, weil es ebenfalls fürchtet unterzugehen und als Verlierer automatisch zum „Bösen" gestempelt zu werden. Wie problematisch außerdem noch die Selbst- und Fremddefinition von Tätern und Opfern ist, habe ich ausführlich im dritten Kapitel beschrieben. Jeder der beiden hat die Tendenz, sich als Opfer, als *Rea*gierenden zu definieren, um sein Zuschlagen zu rechtfertigen. In einem „Krieg" zwischen kämpfenden Personen oder Parteien sind aber immer beide Opfer und Täter. Beide sind beteiligt und beide sind betroffen.

Diese Sichtweise bedeutet natürlich nicht, daß ich Täter und Opfer für austauschbar halte. Es geht mir vielmehr um ein analysierendes Verständnis der inneren Zwangsläufigkeit, aufgrund derer Gewaltbeziehungen immer wieder eskalieren. Es geht mir um die Frage, weshalb es so schwierig ist, Gewaltbeziehungen zu beenden, und weshalb solche Beziehungen die Tendenz haben, die in ihnen enthaltene Gewalttätigkeit ständig zu wiederholen. Wenn man Antworten auf diese Fragen finden will, ist es hinderlich, wenn man sich als Parteigänger in eines der Lager begibt und die in dem gespaltenen System enthaltenen Feindbilder übernimmt. Eine innere Zwangsläufigkeit und Folgerichtigkeit herauszufinden, die auch für den „Täter" gilt, bedeutet nicht, daß der Täter „entschuldigt" wird.

Die sich fortpflanzende Wiederholung kann man „vertikal", in zeitlicher Wiederkehr, und „horizontal", wie der sich fortpflanzende Anstoß in einer Reihe aufgestellter Dominosteine, sozusagen als „Ansteckung" zwischen den Menschen beobachten. Die „vertikale" Kettenreaktion läuft einerseits von Generation zu Generation weiter und prägt andererseits die ständige Wiederholung der Gewaltszenen innerhalb des Lebens eines einzelnen Menschen.

Für den einzelnen beginnt diese Kettenreaktion in der frühen Kindheit. Wer als Kind psychisch geschädigt wurde, schädigt später zwangsläufig sich selbst und andere ein Leben lang. Wir schädigen unsere Kinder auf vielfältige Art und Weise. Manche Formen von Gewalt gegen Kinder werden allerdings nicht als solche wahrgenommen. Nicht nur der offensichtliche (sexuelle) Mißbrauch oder die direkte Mißhandlung, sondern auch die Funktionalisierung als erfolgreiche bzw. als erfolglose „Teile" von Eltern und Lehrern schädigt die Kinder ebenso wie der gewalttätige Straßenverkehr und die zunehmend vergiftete Umwelt. Soweit sie sich nicht von ihren Eltern physisch und psychisch geschützt erleben, können sich die Kinder später selbst nicht schützen und können sie andere Menschen und ihre Umwelt nicht schützen. Es fehlt ihnen in gleichem Maße ein Gefühl für die eigene und fremde Schutzbedürftigkeit wie für das Bedürfnis, andere Menschen und auch andere Lebewesen in der uns umgebenden Natur zu schützen.

Die Zerstörung unserer Kinder geschieht versteckt vor den Augen der Öffentlichkeit, aber auch oft versteckt vor der bewußten Wahrnehmung vieler Eltern und Erzieher. Diese wiederholen „nur", was mit ihnen geschehen ist. Soweit sie selbst als Kinder nicht die Chance hatten, ihre körperlichen und seelischen Schmerzen zu erleben und auszudrücken, sind sie als Eltern unfähig, die Schmerzen ihrer Kinder wahrzunehmen und so die Weitergabe der Gewalt von Generation zu Generation zu unterbrechen. Denn nur das Erleben und Für-wichtig-Halten der Schmerzen kann diese Kettenreaktion beenden.

Notgedrungen identifiziert sich das Kind mit den Bezugspersonen, von denen es geschädigt wird. Da es darauf angewiesen ist, aus dem Verhalten der Umgebung seine Orientierung in der Welt abzuleiten, ist es nicht in der Lage, dieses Verhalten aus einer kritischen Distanz zu erleben. Es „verschluckt" seine psychischen und körperlichen Schmerzen und fühlt sich schuldig für alle Unzufriedenheiten, für die ihm die Eltern bewußt oder unbewußt die Schuld zuweisen. Die eigenen Gefühle, vor allem die eigene Angst, werden unterdrückt; es entsteht ein „falsches Selbst", das in die Schablonen der Umgebung paßt und das sich selbst als fühlendes Gegenüber im Bezug zu anderen Menschen nicht mehr erkennt. Das ist die erste Gewaltanwendung gegen sich selbst – eine zwangsläufige Reaktion auf die Gewalt, die von außen kommt.

Die Unterdrückung der eigenen Gefühle macht die Person nicht nur für sich selbst und für andere teilweise unkenntlich, sie bewirkt auch ein labiles psychisches Gleichgewicht, da die Unterdrückung ständig und mit viel Gewalt aufrechterhalten werden muß. In der Psychoanalyse wird dieses Phänomen als narzißtische Störung (des Selbstwertgefühls) beschrieben.

Die Gewalt gegen sich selbst findet ihren äußeren Ausdruck in der Gewalt gegen andere. Im gleichen Maße wie die eigenen Gefühle, Wünsche und Ängste unterdrückt werden, werden auch die entsprechenden Gefühle bei anderen Menschen unterdrückt, d. h. nicht wahrgenommen, entwertet oder sogar verfolgt. So ergibt sich aus der Gewalt gegen die eigene Person die innere Notwendigkeit, ständig auch Gewalt gegen andere Personen auszuüben, um sich selbst zu stabilisieren. Die „horizontale" Kettenreaktion der Gewalt hängt hier mit der „vertikalen" Kettenreaktion zusammen.

Die sozialen Ängste der Menschen haben zwei Grundformen: die Angst vor dem Ausgestoßenwerden und die Angst vor dem Verschlungenwerden. Zwischen diesen beiden Gefahren versuchen wir uns als Individuen aufrechtzuerhalten, so gut es jeweils geht. Korrespondierend zu diesen beiden Grundängsten haben die Drohungen zwischen den Menschen im Prinzip die Form: Wenn du dich nicht von mir vereinnahmen läßt, wirst du ausgestoßen. („Und willst du nicht mein Bruder sein, so schlag' ich dir den Schädel ein.") Diese Drohung ist der Kern jeder Gewaltphantasie und jeder Gewalthandlung, denn beides bedeutet (psychisch) Vernichtung: die Vereinnahmung und die Ausstoßung. Der so Bedrohte befindet sich in einer ohnmächtigen Position, in einer Falle, die er oft schon als Kind kennengelernt hat: Wer nicht „brav" ist, wer „fremd" ist, wer zu eigenständig ist, wird als „böse" ausgestoßen, bestraft und verfolgt. Der psychosoziale Mechanismus der Ausstoßung läuft immer parallel zu allen manifesten Gewalthandlungen. Neben der direkten Schädigung durch die Gewalt, neben den Schmerzen oder dem Tod, geht es in der Phantasie der Täter und der Opfer immer auch um die Ausstoßung aus der Gemeinschaft.

Diese Ausstoßung erfolgt über Feindbilder. Wir brauchen Feindbilder, um Gewalt anwenden zu können, denn wir können nicht „zuschlagen", ohne vorher den Gegner entwertet und für „böse" erklärt zu haben. Der Trainer einer bayerischen Fußballmannschaft versuchte kürzlich, die Kampfbereitschaft seiner Mannschaft dadurch zu heben, daß er deren innere Aggressionshemmung gegenüber den Gegnern als Ursache ihrer Niederlagen darstellte: „,Wir müssen feindseliger werden', rief er den 250 Fans zu. Fußball sei ‚Kriegsersatz, da muß man an die Grenzen des Erlaubten gehen' – und noch mehr. Denn, so orakelte der weitblickende Coach, ‚die Feinde aus Erfurt wollen uns die Arbeitsplätze wegnehmen!'"[1]

Feindbilder sind aber auch Produkte der Angst vor Destabilisierung. Wo die Integrationsfähigkeit eines Menschen oder einer Gruppe überschritten wird, wo das Fremde oder der Fremde als destabilisierend erlebt wird, wird die Ursache dieser Destabilisierung zumeist nicht in der eigenen Instabilität gesucht, sondern statt dessen an der „Bösartigkeit" und „Minderwertigkeit" eines anderen Menschen oder einer anderen Menschengruppe festgemacht. Im Zustand der Verunsicherung suchen wir automatisch nicht nach unseren verlorenen Gefühlen, sondern nach dem Schuldigen. Dafür eignen sich andere Volksgruppen, andere Völker oder ganz allgemein anders aussehende Menschen, von denen man dann sagen kann: „Und überhaupt haben die schon immer ... jetzt zeigt sich wieder, wie böse die eigentlich sind." Nicht das Fehlen der eigenen unterdrückten Gefühlswelt, oder auch die eigene (wirtschaftliche) Unsicherheit werden als Ursache der Angst gesehen, sondern der „Aggressor", der „Schuldige", der „Fremde". So wird versucht, die eigenen Schmerzen und Ängste durch den Kampf gegen den „Schuldigen" aus der eigenen Person „auszutreiben". Die mittelalterlichen Teufelsaustreibungen und Hexenverfolgungen, aber auch die Feindseligkeit gegen Ausländer in unserer Zeit, sind Erscheinungsformen dieses psychischen Vorgangs.

Um die Angst vor Destabilisierung unter Kontrolle zu bringen, erfolgt im Bewußtsein eine Spaltung: Man unterscheidet nach „guten" und „bösen", nach „zu mir gehörenden" und „nicht zu mir gehörenden" Menschen. Mit den „bösen" Menschen braucht man keinen Kontakt aufzunehmen; sie sind es nicht wert, daß man sich mit ihnen auseinandersetzt; sie können auch, scheinbar ohne Schuldgefühle und vor allem ohne Mitgefühl, geschädigt oder vernichtet werden. So ist die Gefahr beseitigt, durch sie verunsichert zu werden.

Zwischen verfeindeten Gruppierungen eskaliert dieser Versuch, die Verunsicherung abzuwehren, häufig in Form symmetrisch zunehmender Drohungen und Gewaltanwendungen. Es kommt dann zur „Kooperation" mit dem Feind im Sinne der parallel eskalierenden Gewaltphantasien und der beidseitigen Aufrüstung. Abrüstungsbefürworter werden auf beiden Seiten als Idealisten verlacht oder als „Verräter", als scheinbare Parteigänger der anderen Seite verfolgt. In beiden Lagern kommen radikale Führer an die Macht, weil sie Rücksichtslosigkeit gegen den Feind versprechen. Ihre Rücksichtslosigkeit gegen das eigene Volk oder gegen die eigenen Anhänger wird dafür in Kauf genommen, denn der eigentliche Feind ist immer „draußen", bei „den anderen". So will es unsere von Angst getragene Phantasie.

Die Kettenreaktion der Gewalt wird durch zwei weitere Phänomene vorangetrieben: Schuldgefühle und Erfolgsphantasien führen zur Wiederholung und Eskalation von Destruktivität. Die Tagebucheintragung von Joseph Goebbels zu Beginn des Rußlandfeldzugs veranschaulicht die Eskalation der Gewalt auf der Grundlage von Schuldgefühlen und Bestrafungsängsten. Nach dieser Eintragung sagte Adolf Hitler am 16. Juni 1941: „Ob recht oder unrecht, wir müssen siegen. Wir haben sowieso so viel auf dem Kerbholz, daß wir siegen müssen, weil sonst unser ganzes Volk, wir an der Spitze mit allem was uns lieb ist, ausradiert werden."[2]

Nur vor dem Hintergrund dieses Mechanismus ist die (selbst-)zerstörerische Eskalation der Gewalt in den Jahren der nationalsozialistischen Herrschaft zu verstehen. Um die eigenen Schuldgefühle totzuschlagen, wurden immer mehr Menschen umgebracht. So wurde das „Böse" in der eigenen Person durch die Entwicklung von Feindbildern und durch die Vernichtung der Feinde immer wieder aus dem eigenen Ich oder aus der eigenen Gruppe ausgestoßen. Jeder „Sieg" forderte neuen Kampf, jeder „Erfolg" half die Angst und das Mitleid mit den Opfern zu verdrängen. Die „erfolgreiche" Wiederholung der Untaten scheint diese zu rechtfertigen.

Dieser Mechanismus, in dem Gewalt zur Wiederholung tendiert, sei es als „Antwort" auf den Gewaltgegner, sei es um die eigenen Schuldgefühle und Bestrafungsängste zu beseitigen, wird oft übersehen. Man hofft immer wieder, daß ein Gewalttäter „irgendwann doch zufrieden sein muß". Aber es geht bei der Wiederholung von Gewalt nicht um „Zufriedenheit" oder um die Befriedigung eines „Aggressionstriebes", sondern um die innere Notwendigkeit, sich auf der Seite der „Erfolgreichen", der „Mächtigen" und der deshalb als „gerecht" angesehenen Gewalttäter zu halten. Würden wir diesen Mechanismus besser verstehen und berücksichtigen, wir wären flexibler und im guten Sinn erfolgreicher, sowohl in der internationalen Politik als auch z.B. in der Resozialisierung von Straftätern.

Auch im Zweiten Golfkrieg war die Propaganda der „Alliierten" auf diesen Mechanismus hin ausgerichtet. Der Erfolg bestätigte die Mittel und ließ die Opfer als „notwendig" erscheinen[3], wobei nicht deutlich wurde, wie diese Weltordnung denn aussehen sollte. So konnte sich jeder unter diesem Kriegsziel etwas „Gutes" oder etwas „Böses" vorstellen, den „Sieg des Rechts und der Demokratie" über die „Barbaren" oder auch die Vorherrschaft der USA im Nahen Osten. Ebenso undeutlich wie das Ziel war auch die propagandistische Darstellung des Weges dorthin. Es sollte schon genügen, einzusehen, daß alles „notwendig" war, was getan wurde. Wir alle waren dieser Propaganda ausgeliefert, nicht wenige von uns nahmen ihre erleichternde Botschaft zumindest vorübergehend an.

Die Grundlage dieser Verführbarkeit durch Erfolgsmeldungen ist wiederum eine kollektive Phantasie: In unseren Kriminalromanen und -filmen siegt zumeist der „Gute", *weil* wir das so lesen und sehen wollen. Um uns nicht schuldig fühlen zu müssen, identifizieren wir uns stets mit dem „Guten". Und so dient jede (primitive) Kriminalgeschichte trotz aller Aufregungen der Beruhigung derer, die sie lesen oder sehen: Der sich mit dem „Guten" identifizierende Leser ist trotz eventueller Gewalttaten seines „Helden" nicht böse, und er geht auch nicht unter. Eine logische Folge dieser beruhigenden Wunschphantasie ist die unverrückbare Vorstellung, daß nicht nur der Gute immer siegt, sondern auch, daß der Sieger immer der Gute ist. Man braucht im Konfliktfall also nur herauszufinden, wer der Sieger sein wird, um zu „wissen", wer der „Gute" ist, bzw. auf wessen Seite man sich (innerlich oder auch äußerlich) schlagen soll.

In der Psychoanalyse wird die Kettenreaktion der Gewalt unter dem Begriff des Wiederholungszwangs beschrieben. Damit wird ausgedrückt, daß die konflikthaften Szenen und die in ihnen enthaltenen Lösungsversuche die Tendenz haben, sich während des Lebens einer Person und von einer Generation zur nächsten zu wiederholen. Dabei wiederholt sich zumeist nicht genau dasselbe Geschehen. Aber die szenischen Grundprinzipien bleiben erhalten, soweit sie nicht durch aufklärende Heilungsprozesse verändert werden können. Aufgrund dieser Überlegung halte ich es für sinnvoll, auch die szenischen Grundprinzipien der Gewalt zu untersuchen, damit die Wiederholungen besser erkannt werden können.

Eines dieser szenischen Grundprinzipien ist die Grenzüberschreitung. Ich habe in den letzten Kapiteln schon mehrmals dargestellt, wie bei jeder Gewaltanwendung im Prinzip eine Grenzüberschreitung geschieht, eine Nichtachtung der Grenzen anderer Menschen und ihrer Bedürfnisse. Aus der psychoanalytischen Forschung wissen wir, daß Menschen, deren psychische und körperliche Grenzen in der Kindheit ständig überschritten wurden, die in einem Klima aufwuchsen, in dem sie sich nur unter- und einordnen konnten, um überhaupt leben zu können, sehr unsichere Grenzen haben. Sie geraten als Opfer und als Täter immer wieder in „grenzenlose" Situationen. Nach ihrer Erfahrung gibt es aus dem Ohnmachtsgefühl zwischen der Drohung, verschlungen zu werden, und der Drohung, ausgestoßen zu werden, nur zwei Auswege: Passivität in Aktivität zu verwandeln, d. h. selbst mit denselben Drohungen, mit derselben grenzüberschreitenden Gewalt zu agieren, wie man sie erfahren hat. Wo das nicht möglich ist, weil der Gegner überlegen ist oder weil in der Kindheit schon gelernt wurde, daß kämpfen aussichtslos und unmoralisch ist, bleibt nur die zweite Möglichkeit: die Unter- und Einordnung in das jeweilige System der Mächtigen. Das ist die Wiederholung der Opferrolle. Revolutionäre Potenzen im Sinne des Durchhaltens von konflikthaften Beziehungen, ohne blind „zuzuschlagen" oder „wegzulaufen", können in einem solchen Klima nicht entstehen.

Schon kleine Konflikte können von in solcher Weise geschädigten Menschen (und das sind bei unterschiedlichem Grad der Schädigung mehr oder weniger alle Menschen unseres Kulturkreises) nicht ausgehalten werden. Denn sie erleben die Ungleichheit der Interessen oder Ansichten zwangsläufig als Grenzüberschreitung und Destabilisierung. Konflikte werden in diesem Bewußtsein – oft auch sprachlich – mit „Krieg" gleichgesetzt. Im Falle der Ungleichheit der Interessen oder Ansichten suchen diese Menschen nicht das Gespräch mit dem anderen, sondern sie versuchen, die subjektiv erlebte Grenzüberschreitung auszubalancieren: Sie greifen entweder den „Aggressor" an, oder, wo dieser eindeutig überlegen ist, richten sie eventuell auch ihre „Wut" gegen den nächst Schwächeren oder gegen sich selbst. Oder sie bieten sich scheinbar willenlos immer wieder als Opfer von Gewaltanwendungen an. Dann *geht* es ihnen zwar schlecht, aber sie *sind* nicht schlecht; sie sind dem Gewalttäter sogar moralisch überlegen. Unter Umständen ist die ständige Wiederholung der Opferrolle auch darauf zurückzuführen, daß man als einzigen Wert im Leben für sich das Opfer-Sein erkannt hat bzw. erkennen mußte.

So wird das „Böse", das der eigenen Phantasie entsprechend von außen eingedrungen ist, auf zweierlei Arten, in der Täterrolle und in der Opferrolle, wieder hinausgedrängt oder „ausgespuckt". Die verletzten Grenzen werden durch eigene Grenzüberschreitungen oder „Grenzunterschreitungen" anderen gegenüber scheinbar wieder hergestellt. Die Kettenreaktion und damit die Eskalation der Gewalt ist vorprogrammiert durch die psychische Schwäche, und das heißt hier: die Konfliktunfähigkeit der beteiligten Personen.

Die Kettenreaktion ist schwer zu beenden

Die verschiedenen theoretischen und praktischen Versuche, mit der Gewalt umzugehen, und ihre Begründungen enthalten fast immer Elemente des unreflektierten Umgangs mit Gewalt, d. h. sie setzen die Kettenreaktion häufig fort. Das kann auch nicht anders sein, denn alle Theoretiker und Praktiker auf diesem Gebiet übertragen unvermeidlich die in ihrem bisherigen Leben erlebten und verinnerlichten Szenen in ihre Theorie und Praxis. Die Phantasien darüber, wie Gewalt beendet werden könnte, entsprechen daher weitgehend unserem jeweils persönlichen und auch kollektiven Alltagsbewußtsein. In diesem Alltagsbewußtsein, aber auch im Bewußtsein vieler Gruppierungen der Friedensbewegung und sogar teilweise in der Wissenschaft von der Gewalt, in der Friedens- und Konfliktforschung, ist die Gewalt zum Feindbild geworden. Ich will damit sagen, daß sie zumeist als das Böse schlechthin erlebt wird, das zu bekämpfen oder gar auszurotten sei. Sobald man aber ein Symptom bekämpft, gerät man in die Wiederholung, d. h. man reproduziert in diesem Kampf das Symptom selbst. Im Bewußtsein vieler Menschen hilft nur Krieg bzw. Rüstung gegen Krieg, nur Gewalt gegen Gewalt, nur Strafe gegen Rechtsbruch und Drogenmißbrauch. Sie haben die Welt und sich selbst nicht anders kennengelernt.

Gleichzeitig ist aber auch zu bedenken, daß jeder Mensch, in welcher Umwelt auch immer er aufgewachsen ist, von der jeweils aktuellen „Situation" abhängig ist, in der er sich befindet. Das Bewußtsein jedes einzelnen verändert sich in seiner jeweiligen Umgebung. Je gewalttätiger die „Situation", desto schwerer ist es, in sich selbst Auswege aus der Gewalt zu finden und nicht von ihr „angesteckt" zu werden.

Mit der Feststellung, daß „die Gewalt" in weiten Teilen der Bevölkerung, aber auch im Denken mancher Pazifisten und Friedensforscher, zum Feindbild geworden ist, möchte ich auch ausdrücken, daß man diesen „Feind" nicht genau betrachtet, daß man sich mit ihm nicht wirklich auseinandersetzt. Man lehnt ihn nur einfach ab. Das ist für mein Verständnis das wichtigste Charakteristikum einer „Feindbild-Beziehung". Man hält den Feind für „fremd" und erkennt sich selbst in ihm nicht wieder. Oder umgekehrt: Man kennt sich selbst nicht als einen Menschen mit Wünschen, Ängsten und mit Tendenzen, gewalttätig zu werden. Deshalb erkennt man auch den anderen Menschen nicht als einen ähnlichen Menschen. Er bleibt fremd. Das Unbekannte an ihm erscheint riesengroß und bedrohlich, es weckt nicht Neugier oder Interesse, sondern Angst und Ablehnung. Diese distanzierte Haltung dem „Feind" gegenüber behindert in unseren privaten Beziehungen, aber auch gelegentlich unter Pazifisten und Friedensforschern, ein aufgeklärtes Verständnis der Gewalt und ihrer Ursachen.

Ein Beispiel mag dies erläutern: In einem Inteview wurde ich von der Interviewerin immer wieder verzweifelt gefragt, *was* ich denn nun für Gewalt hielte, wo ich denn die Grenze zöge zwischen einer „natürlichen Reaktion" und Gewalt. Ich hatte große Mühe klarzumachen, daß in der scheinbar leicht zu beantwortenden Frage nach der Definition von Gewalt eine andere Frage steckte, nämlich die: Wann finden Sie eine Reaktion „schlecht"? Das Wort Gewalt war in der Frage gleichbedeutend mit „böse" oder „schlecht". Diese Gleichsetzung, aus der das „Feindbild Gewalt" deutlich hervorgeht, ist nicht selten. Mit Hilfe dieser Gleichsetzung streiten sich Demonstranten und Staatsvertreter häufig vordergründig um den Begriff der Gewalt, eigentlich aber um die jeweilige Legitimation des eigenen Verhaltens. Ich halte es für wichtig, an solchen Stellen für ein aufgeklärtes Verständnis von Gewalt zu sorgen und dadurch das „eigentliche" Gespräch (über den Konflikt) wieder in Gang zu bringen.

Wo ein solches aufgeklärtes Verständnis von Gewalt nicht vorhanden ist, werden die Erscheinungsformen der Gewalt ausgegrenzt. Die Kettenreaktion der Gewalt kann aber nicht durch Ausgrenzung, sondern nur durch *Integration der Gewalt und der Gewalttäter* – zunächst im Bewußtsein – unterbrochen werden. Integration bedeutet: Die Zusammengehörigkeit der einen mit den anderen, der „Gewalttäter" mit den „Gewaltfreien", der Täter mit den Opfern in einem „ökologischen" Ganzen, und das heißt: in ihrer Abhängigkeit voneinander, zu verstehen.

Die Integration der Täter ist freilich nicht ohne die deutliche Klarstellung ihrer Schuld und nicht ohne intensive Trauerarbeit möglich. Dazu muß man miteinander sprechen über das, was geschehen ist, und zwar so, daß die traurigen, schmerzhaften Gefühle dabei nicht ausgeblendet werden. Zur Integration der Täter und ihrer Taten gehört allerdings der Verzicht auf die „spontane" Reaktion der Ausstoßung von dem, was Angst macht und was stört. Dieser Verzicht ist nicht leicht. Er ist intrapsychisch nicht leicht, denn man muß Angst und Unsicherheit in sich aushalten. Und er ist interpsychisch nicht leicht, denn wer ihn zu gehen versucht, gerät oft zwischen die Fronten und wird von beiden Seiten angegriffen, da er die Automatik des Zurückschlagens oder des vorbeugenden Zuschlagens zu beenden versucht. Von dieser Automatik aber lebt jeder Krieg und jede Gewaltbeziehung. Deshalb ist der Versuch, *nicht* zurückzuschlagen, ein erster Ansatz dafür, daß sich die Gewalt nicht wiederholt.

Auch in unserer Strafjustiz drückt sich die Tendenz zum Gegenschlag aus. „Strafe muß sein", so empfinden die meisten Menschen, denn Strafe bringt in unserer Phantasie das durch Rechtsbruch gestörte Gleichgewicht wieder in Ordnung. Es ist ein uralter, für alle Menschen mehr oder weniger „normaler" Reflex, auf Gewalt entweder mit Drohungen und Gegengewalt zu reagieren, oder sich zu unterwerfen bzw. die Flucht zu ergreifen. Mit der Institution der Strafverhängung folgt der Staat zum Teil diesem Reflex, dem ebenfalls eine kollektive Phantasie zugrunde liegt: Gewalt ist etwas Böses, das in mich (uns) eindringt und mich (uns) zerstört. Deshalb muß es möglichst schnell wieder „ausgespuckt" werden, damit ich (wir) wieder von dem Bösen gereinigt bin (sind). Auch hier sieht man die enge Verbindung von (psychischen) Grenzproblemen und Gewalt bzw. Gegengewalt. Aufgrund dieser individuellen und kollektiven Phantasie werden die gesetzlich verankerten Vorstellungen über die Resozialisierung von Straftätern so wenig verwirklicht. Es wird häufig nicht zwischen den beiden Fragen unterschieden: „Muß der Straftäter noch im Gefängnis bleiben, weil die Gefahr besteht, daß er seine Tat wiederholen könnte?" und: „Muß er noch dort festgehalten werden, weil unser Strafbedürfnis noch nicht befriedigt ist?" Das noch bestehende Strafbedürfnis entspricht dem Gefühl, daß die „Grenzverletzung" noch nicht ausgeglichen oder rückgängig gemacht ist.

Im Lauf der Geschichte wurde das Gewaltmonopol dem Staat und seinen Institutionen übertragen, was dazu führte, daß sich der einzelne im täglichen Leben weniger bedroht fühlen muß. Die anonyme Gefährdung durch Atomkraftwerke, Umweltzerstörung und Massenvernichtungsmittel nahm allerdings gleichzeitig zu. Dieser ständigen Bedrohung ist jeder einzelne mehr oder weniger hilflos ausgeliefert. Da die meisten Menschen das Wissen um diese ständige Bedrohung nicht ertragen können, wird es weitgehend aus dem Bewußtsein verdrängt. Weil nicht sein kann, was nicht sein darf, glauben sie lieber an die Sicherheit im Rechtsstaat, der Durchbrüche von Gewalt „ordentlich" bestraft. Die psychischen Auswirkungen dieser ständigen Bedrohung durch eine anonyme Gewalt und ihrer Verdrängung wurden bisher nur sehr wenig untersucht.[4] In unserem Bewußtsein und deswegen wohl auch in unserem Strafrecht erscheint die ständige Bedrohung unserer Gesundheit und die Gewalt gegen unsere Nachkommen durch Vergiftung der Umwelt nicht als „Gewalt". Unter der Bezeichnung des „nicht zu vermeidenden Restrisikos" verschwindet ein wesentlicher Teil der Gewalt, von der wir und unsere Nachkommen direkt bedroht sind, aus unserem Bewußtsein. Wenn etwas nicht zu ändern ist, bzw. wenn wir glauben, es nicht ändern zu können, verdrängen wir die dazugehörende Angst. Wir erklären die Gefahr für „normal".

Der reflexhafte Umgang mit Gewalt durch zurückschlagendes „Strafen" oder Nicht-Wahrnehmen ist natürlich nicht nur ein Relikt aus archaischen Zeiten der Menschheit. Diese Reaktionen werden auch heute noch jedem Kind mehr oder weniger eindringlich beigebracht. Wenn es böse ist, *muß* es bestraft werden, sonst wird das Böse in ihm immer schlimmer – so sagt man ihm, wenn man versucht, durch die Bestrafung des Kindes die *eigene* innere Balance wiederzugewinnen. Auch zu Appeasement-Reaktionen wird es erzogen: Es erfährt schon früh, daß man auf brutale Gewalt und grenzüberschreitende Rücksichtslosigkeit unter Umständen am besten mit demonstrierter Freundlichkeit reagiert, um den Aggressor zu besänftigen. Wenn die Alternativen in einer Szene nur Unterwerfung unter den Feind oder Vernichtung durch den Feind sind, verhalten wir uns oft mehr oder weniger automatisch erst einmal besänftigend, in privaten wie in internationalen Beziehungen. Die Angst vor der Radikalität des Konflikts bringt uns dazu, uns reflexartig zum Freund des Mächtigen und Gewalttätigen zu erklären und dessen Gewalttätigkeit (scheinbar?) nicht wahrzunehmen. Dadurch vermeiden wir aber eine deutliche Stellungnahme und tragen so oft selbst dazu bei, daß die Gewalt ausbricht oder eskaliert. Die Vorstadien und der Verlauf des Zweiten Golfkriegs machten diese Szene ebenso deutlich wie die Vorstadien des Zweiten Weltkriegs und die Eskalation des Rassismus im „Dritten Reich".

Aber die Vorstadien der Kriege und jeder anderen Form von Gewalt werden viel zu wenig untersucht und beachtet. Plötzlich heißt es: „Wir sind im Krieg", oder auch: „Wir sind in der freien Marktwirtschaft." Und das bedeutet, daß ab sofort und hier andere Gesetze gelten; es gilt auch eine andere, eine besondere Moral. Was bisher Mord war, ist jetzt Pflicht; was bisher Ausdruck von Mitgefühl und Menschlichkeit war, ist jetzt Schwäche. Den „Kriegsdienst" zu verweigern oder zu desertieren, gilt jetzt als feige. Man darf nicht sagen, daß Soldaten „potentielle Mörder" sind. Man sagt nicht, daß es Beihilfe zum Mord ist, wenn man Waffen herstellt oder liefert. In unserem Sprachgebrauch und in unserem Denken handelt es sich da allenfalls um Kavaliersdelikte, wie etwa einen „Verstoß gegen das Außenwirtschaftsgesetz".

Das Bewußtsein „Wir sind in der freien Marktwirtschaft"

macht Übergriffe gegen die Natur und wirtschaftliche Ausbeutung von Schwächeren moralisch vertretbar. „Man muß doch verstehen, daß jemand Geschäfte machen will." Das Geschäfte-Machen ist in der „freien Marktwirtschaft" so „natürlich" und „normal" wie das Töten im Krieg. In beiden Fällen werden „Grenzverletzungen" nicht mehr als Gewalt erkannt, sondern für „normal" erklärt.

Sobald die Beziehung als „Wir sind im Krieg" definiert ist, darf die bisher in Feindbildern gebundene und in Waffen materialisierte Aggressivität ausagiert werden. Das ist der Moment, in dem die Beziehung umdefiniert wird. Von diesem Augenblick an wird der „Krieg" von vielen Menschen als Befreiung erlebt, vor allem von den Protagonisten der jeweiligen Gewalt selbst. Wie die losgelassenen Kampfhunde erleben viele von denjenigen, die jetzt zuschlagen dürfen, den Krieg als Befriedigung einer (oft sexuell gefärbten) Lust am Töten (vgl. die sexuell-vergewaltigenden Aufschriften auf amerikanischen Raketen, die im Zweiten Golfkrieg gegen die Iraker gestartet wurden). Sie befreien sich von der inneren „Sperre", von der Zurückhaltung ihrer Gefühle, die ihnen seit ihrer Kindheit aufgezwungen wurde. Freilich haben die so „befreiten" Gefühle und das mit ihnen verbundene Verhalten jetzt die Form vernichtender Gewalttätigkeit. Durch „legitimes" Morden befreien sie sich persönlich aber auch kurzfristig von der permanenten Angst, selbst einer sadistischen Gewalt ohnmächtig ausgeliefert zu sein. Für sie kehrt sich jetzt die Szene um, der sie als Kinder ausgeliefert waren. Endlich können sie sich (scheinbar) von den Schuldgefühlen befreien, die ihnen zeitlebens zugeschoben wurden, wenn sie jetzt durch Mord am Feind zum „guten Helden" werden. Sie versuchen, die Gewalt durch Gewalt zu beenden. Andere Möglichkeiten haben sie nicht kennengelernt.

Ich halte es für sinnvoll, die innere Dynamik von Gewalttätern, so auch der rechtsradikalen Jugendlichen, die derzeit bei uns „Jagd" auf Ausländer machen, im Auge zu behalten, um zu begreifen, was in solchen Gewaltszenen vor sich geht und wie es dazu kommt, daß unter Umständen in der Kindheit sehr zaghafte und verschreckt-angepaßte Menschen als Jugendliche in einen „Gewaltrausch" verfallen, aus dem sie nur schwer wieder herausfinden können. Viele totalitäre Machthaber wußten sehr genau, daß nur in der Kindheit schwer geschädigte Menschen zu „Kampfhunden" dressierbar sind. Deshalb rekrutierte z. B. Ceauşescu seine persönliche Schutzgarde in Waisenhäusern. Nicht nur wegen der totalitären Strukturen in solchen Heimen, sondern vor allem auch wegen der kranken sozialen Umgebung, der diese Kinder ausgesetzt waren, konnte es gelingen, sie als absolut „loyale" Träger und Verteidiger einer Gewaltherrschaft auszubilden. In einer Umgebung, in der mitmenschliche Gefühle weitgehend fehlen, erlebt das Kind jede eigene Lebensäußerung als „zu viel" und damit als destruktiv. Es entwickelt notgedrungen eine innere Sperre gegen die eigenen Gefühle und Wünsche. Das hilft ihm, diese Situation zu überleben, wenn auch mit einer schweren psychischen Schädigung. Wesentlich an dieser Schädigung ist, daß die Gefühle und Wünsche des Kindes entwertet werden, und das bedeutet: Die ganze Person wird entwertet. Ein so geschädigtes Kind kann sich in seinem Leben selbst nicht mehr für wertvoll halten und deshalb auch in seiner Umgebung nichts Erhaltenswertes erkennen – außer der Macht, die die Entwertung ständig wiederholt.

Die Waisenhaussituation ist nur ein besonders krasses Beispiel für eine Kindheit und Jugend, in der zukünftige Gewalttäter heranwachsen. Die eben beschriebene Dynamik ist prinzipiell in jedem Menschen zu finden, wenn auch in sehr unterschiedlichem Ausmaß. Sehr viele Kinder wachsen „ohne Eltern" auf, auch wenn Vater und Mutter oder beide mit ihnen zusammenleben. Mir scheint das Fehlen der elterlichen Fürsorge, der psychischen und physischen Geborgenheit in einem „Nest", in dem man so aufgenommen wird, wie man ist, die wichtigste Ursache der Gewalt gegen sich selbst und gegen andere zu sein. Mit dem „Fehlen der elterlichen Fürsorge" meine ich nicht nur die fehlende materielle Versorgung. Gerade die Gewalttäter, die aus „gut situierten" oder „geordneten" Verhältnissen stammen, machen darauf aufmerksam, daß die psychische Schädigung nicht nur dann eintritt, wenn Kinder der Verwahrlosung überlassen werden. Es gibt auch „Nester", in denen an den Kindern vorbei gelebt wird, obwohl sie äußerlich sehr gut versorgt werden: Die Eltern beziehen sich nicht wirklich auf ihr Kind, sondern immer nur auf sich selbst, sei es, daß sie in dem Kind nur sich selbst „ausstatten", sei es, daß sie sich selbst in ihm verkümmern lassen.

Die Szenen der Gewalt in privaten Beziehungen sind denen in „offiziellen" Kriegen prinzipiell ähnlich. In beiden Fällen kann man sehen, wie die Definition der Beziehung als „Krieg" bzw. als Feindschaft häufig als Befreiung erlebt wird, als eine (scheinbare) Befreiung von der „inneren Sperre" durch aktives Zuschlagen. Sobald der Kampf beschlossene Sache ist, verschwinden auch die Zweifel und die Hoffnungen auf Versöhnung und damit die Hemmungen, dem anderen etwas anzutun. In „privaten" und in „offiziellen" Kriegen scheint für unser Bewußtsein die Gewalt erst mit dem ersten Schlag oder mit dem ersten Schuß zu beginnen und nicht schon lange vorher.

Wir sind in unseren privaten Beziehungen ebenso wie innen- und außenpolitisch weitgehend unfähig, *rechtzeitig* und wirksam mit Feindbildern und mit den in ihnen gebundenen Gewaltphantasien umzugehen. Vor dem Ausbruch von offener Gewalt gelten die Feindbilder im eigenen Lager häufig nicht als gefährlich, im Gegenteil, sie dienen der eigenen Rechtfertigung und sind für viele Menschen Ausdruck eines „gesunden Nationalismus" oder sogar eines „gesunden Selbstbewußtseins". Es fehlt weitgehend die Vorstellung, daß zwischenmenschliche und zwischenstaatliche Beziehungen dauernd aktiv gepflegt werden müssen, wenn sie nicht in Resignation und Aggression übergehen sollen. In der Regel wird zu spät begriffen, daß die Gefahr schon lange besteht und ständig zugenommen hat. Mit der wachsenden Gefahr wird zumeist passiv, d. h. gar nicht umgegangen. Auch in privaten Beziehungen, zwischen Partnern oder zwischen Eltern und Kindern, sieht man oft, wie heimlich auf den „befreienden" Ausbruch der offenen Gewalt gewartet wird. Die Vorstadien der Gewalt werden nicht ernst genommen, die ungelösten Konflikte nicht als Gefahr verstanden.[5]

Dieser unangemessene Umgang mit (drohender) Gewalt hat mit der Definition von Gewalt zu tun, die wir ebenfalls schon als

Kinder lernen: „Gewalt ist eine körperliche (selten auch psychische) Beeinträchtigung eines anderen Menschen. Sie beginnt, sobald einer zuschlägt oder den anderen ‚reizt'. Derjenige, der begonnen hat, ist dann an allen weiteren Gewalttätigkeiten schuld. Man muß froh sein, wenn man nicht der Schuldige ist oder als solcher bezeichnet oder erkannt wird. Dazu muß man den eigenen Angriff immer als Verteidigung interpretieren und so die Schuld an der Gewalt dem anderen (Lager) zuschieben, sich selbst aber als eigentlich friedfertig bezeichnen." Diese (primitive) Definition der Gewalt ist an allen Gewaltszenen beteiligt.

Die Gewalt als Beziehungsphänomenen

Während also viele Versuche, Gewalt durch Gewalt zu beenden, nur zur Eskalation der Gewalttätigkeiten führen, gibt es auch Theorien über die Möglichkeiten, durch eigene „Gewaltfreiheit" in einer Beziehung auch die Gewalttätigkeit des „Feindes" abzubauen, bzw. zur Deeskalation beizutragen. Allen diesen, gelegentlich auch in der Praxis relativ erfolgreichen theoretischen Überlegungen liegen aus meiner Sicht zwei Prinzipien zugrunde: Das Verständnis von Gewalt als Beziehungsphänomene und der Glaube an die Friedenssehnsucht in *jedem* Menschen.

Der Wunsch nach Frieden und die Erkenntnis, daß man Frieden nicht durch Krieg erreichen kann, haben zur Entwicklung der Theorie und Praxis der gewaltfreien Aktion in politischen Auseinandersetzungen geführt. Mahatma Gandhi war einer der ersten und wichtigsten Vertreter dieser Theorie, die er im Kampf gegen die diskriminierende Gesetzgebung der südafrikanischen Regierung entwickelte und die sich später auch gegen die englische Kolonialmacht in Indien in der Praxis bewährte. Vor allem wegen der erwiesenen Effektivität hat die Lehre Gandhis in allen Erdteilen Anhänger, hat er selbst Nachfolger gefunden. Seine pazifistische Strategie enthält viele gute Ratschläge, wie mit einem übermächtigen Feind umgegangen werden kann, und sie macht Hoffnung auf Durchführbarkeit. Ich möchte nur kurz einige

wichtige Gedanken aus Gandhis Werk darstellen, die sich auch mit der Veränderung der Beziehung zum „Feind" befassen[6]:
- Es ist nötig, Nachteile in Kauf zu nehmen, eventuell Strafen auf sich zu nehmen, wenn man „gewaltfrei" gegen Gewalt protestiert.
- Um aus dem Gewaltsystem auszusteigen, muß man auf List und Geheimhaltung der eigenen Absichten und Methoden verzichten. Offenheit, auch und besonders in der Beziehung zum Gegner ist ein Grundprinzip der gewaltfreien Aktion.
- Es ist wichtig, die Konflikte als solche offenzulegen und Konfliktlösungen offen zu lassen. Dem Gegner muß die Möglichkeit zum Gesinnungswandel nahegelegt und nicht genommen werden.

Auch Gandhi verstand Gewalt als ein Beziehungsphänomen, auch er betonte die Zusammengehörigkeit der Konfliktparteien und die Notwendigkeit, Konflikte auszutragen, um Gewalt zu vermeiden. Was er zu seiner Zeit und in seinem Umfeld verständlicherweise weniger beachtete, sind die Ursachen der unbewußten Dynamik der Gewalt und ihrer Tendenz, sich durch „Ansteckung" fortzupflanzen. Wer psychisch relativ gesund ist, hat es leichter, die von Gandhi aufgestellten Grundregeln der Gewaltfreiheit zu befolgen als derjenige, der ein schwächeres psychisches Immunsystem hat.

Wenn man diese psychischen Probleme nicht beachtet, kann es leicht geschehen, daß man Gandhis Prinzipien als allgemein gültige *Verhaltens*anweisungen gebraucht, dabei aber die Beziehung zu sich selbst und zum anderen aus dem Auge verliert. Es kann sein, daß man sich „formal" im Gandhischen Sinn „richtig" verhält und dabei doch psychisch von der Gewalt angesteckt wird, und sei es in den Überlegenheitsphantasien des Märtyrers. Dann wird unter Umständen die Strafe, die man auf sich nimmt, zur Belohnung, zum Beweis für die eigene moralische Überlegenheit und für die Gewaltfreiheit des Widerstandes. Gandhi hatte offensichtlich seine eigenen psychischen Probleme (z. B. seine Verführbarkeit durch Erfolg und Ruhm) und die seiner Gefolgschaft unterschätzt bzw. nicht gesehen. Er sah wohl auch nicht die spezifischen günstigen Voraussetzungen für seinen Erfolg, der nicht nur in seiner *Methode,* sondern auch in der Art der Beziehung zwischen dem indischen Volk und der englischen Kolonialmacht (und auch in dieser selbst) begründet war. Das heißt, er konnte seine eigene Abhängigkeit vom Gegner nicht sehen. So wird vielleicht verständlich, weshalb er sich gegen Ende seines Lebens nur noch auf sich selbst verlassen konnte und wollte[7].

Vom Glauben an das Gute im Menschen künden auch die vielfältigen Botschaften des Dalai Lama in der Welt. Auch er weist immer wieder darauf hin, daß Gewaltlosigkeit nicht eine Form des Verhaltens, sondern eine Frage der Gefühle und Motive ist. Bleibt man wirklich bei diesem Kriterium, dann gerät man weniger in Gefahr, die Selbstüberwindung (beim Inkauf-Nehmen von Nachteilen und Strafen) als „einzig richtiges", nämlich einem moralischen Rezept entsprechendes Verhalten zu glorifizieren. Man sieht dann, wie ungeheuer schwierig es ist, kontinuierlich von den eigenen Gefühlen und nicht von der Definition irgendeines „richtigen" Verhaltens auszugehen, das im Gegensatz zum „falschen" Verhalten des Gegners steht. Das bedeutet: Man sieht die Realität und sich selbst darin deutlicher. Auch die von Gandhi geforderte Offenheit wird dadurch schwieriger herzustellen. Wenn man sie nicht zu einer neuen Verhaltensmaxime macht, dann wird deutlich, daß es dabei um den Mut und das Vertrauen in der Beziehung geht – und beides hat man vielleicht gerade nicht. Leider oder zum Glück entfallen dann auch alle Rezepte zur Beendigung oder Verhinderung von Gewalt. Wenn die eigenen Gefühle und Motive die Richtschnur sind, kann man keine Rezepte brauchen.

Solange Gewalt aber als ein bestimmtes *Verhalten* definiert wird, stellt sich bei den Überlegungen nach Möglichkeiten, dieses Verhalten zu beseitigen oder zu beenden, automatisch die Frage: Was kann ich, was darf ich, was muß ich tun, damit der andere/die andere mit der Gewalt aufhört? Bezeichnenderweise ist es dann auch immer die Gewalt der anderen, die beseitigt werden soll. Wir leben zumeist in der Phantasie, daß wir selbst sowieso nie gewalttätig sind, oder daß er uns selbst gegebenenfalls ja nicht schwer fallen würde, mit gewalttätigen Handlungen aufzuhören. Das braucht man ja nur zu wollen. Das Problem – so scheint es – sind immer die anderen und ihre Gewalttätigkeit.

Versteht man aber Gewalt in allen ihren Formen als *Ausdruck einer gestörten Beziehung,* einer Beziehung, in der der eine in der Phantasie zum Objekt oder zu einem Teil des anderen geworden ist, und deshalb scheinbar ohne Schuldgefühle gebraucht oder mißbraucht werden kann, dann ist nach meiner Erfahrung wenigstens prinzipiell ein Ausweg aus dem Dilemma gefunden: Es muß nicht mehr gewartet werden, bis der andere aufhört, gewalttätig zu sein. Könnten wir solche entdialektisierten Beziehungen[8], in denen der andere Mensch nicht als wichtiges Gegenüber respektiert wird, als Gefahr erkennen und mit dieser Gefahr adäquat umzugehen lernen, wir könnten auch mit unserer Angst und der daraus resultierenden Aggressivität besser umgehen.

Es hat Folgen, wenn man beginnt, die Gewalt als ein „ökologisches" Phänomen zu betrachten, und zwar sowohl die Gewalt, die wir gegen die uns umgebende Mitwelt ausüben, als auch die Gewalt, die wir Menschen uns gegenseitig antun. Die veränderte Sichtweise trägt zur Veränderung wissenschaftlicher Theorien ebenso bei wie zur Veränderung der persönlichen „Theorien" und des entsprechenden Verhaltens der einzelnen Menschen. Wissenschaftlich können wir heute Gewalt nicht mehr als Ausdruck eines Aggressionstriebes und auch nicht als Ausdruck des ewigen Widerspruchs zwischen Individuum und Gesellschaft verstehen. Als neue, kreative Alternative stellt sich für mich das Verständnis von Gewalt als Ausdruck einer gestörten *Beziehung* bzw. gestörter, destruktiver Beziehungsphantasien dar.

In der konkreten Situation hilft allerdings jedem einzelnen Menschen, auch dem Wissenschaftler oder der Wissenschaftlerin, ein rationales Wissen über die „richtige" Definition von Gewalt wenig. Wenn man persönlich aus einer Verklammerung durch entwertende Phantasien mit anderen Menschen herausfinden will, kann das nur durch eine „innere Umdefinition" gelingen. Dabei läßt man sich *emotional* auf die *Beziehung* zu dem oder den anderen ein und erkennt damit die Menschlichkeit seiner Gegner an bzw. man sucht sie. Bei dieser Suche findet man auch die eigene Menschlichkeit wieder; aber ohne „Abrüstung" in jedem Sinne ist auch diese Suche nicht erfolgreich. Nach meiner Beobachtung haben in den letzten Jahren immer mehr Paare verstanden, daß dies ein Weg ist, auf dem sie ihre Beziehung verbessern können. Sie verstehen die Schwierigkeiten, die sie jeweils mit dem Partner oder der Partnerin haben, als Ausdruck einer Beziehungsstörung und bitten einen Außenstehenden (Paartherapeuten) um Hilfe.

In der Psychoanalyse basiert das Verständnis gewalttätigen Verhaltens (aber im Grunde genommen jeden Verhaltens) auf dem Konzept des „szenischen Verstehens". Das Interesse richtet sich hier nicht primär auf ein bestimmtes Verhalten und auf dessen Legitimität, sondern auf die „inneren Szenen", d. h. auf das Zusammenspiel der (unbewußten) Phantasien eines oder mehrerer Menschen, dessen äußerer Ausdruck das Verhalten dieser Menschen ist. Man orientiert sich an *Beziehungs*formen, an der *Bedeutung* des jeweiligen Verhaltens in der Beziehung. Der Psychoanalytiker hat nicht die Funktion eines Richters; er untersucht die (unbewußten) Bedeutungen des äußeren Verhaltens, das er sieht. Es geht ihm darum, die szenische Gestalt von Beziehungsstrukturen zu erkennen und bewußt werden zu lassen, damit die ständige Wiederholung von „Gewalt" im Sinne der Selbst- und Fremd-Unterdrückung aufhören kann.

Dieser Vorgang des szenischen Verstehens ist schon in sich selbst emanzipatorisch. Denn hier wird die Parteinahme innerhalb der gespaltenen Lager aufgehoben. Es geht nicht darum zu entscheiden, was in einem Menschen „gut" oder „böse" ist, oder welcher Mensch „gut" oder „böse" ist. Es geht auch nicht nur um bestimmte Verhaltensweisen, sondern um die *Bedeutung* des jeweiligen Verhaltens in der Beziehung. Das bedeutet: Man versucht, die *Botschaften* zu verstehen, die in dem jeweiligen Verhalten mitgeteilt werden. Folgerichtig wird nicht zwischen „richtigem" oder „falschem" Verhalten unterschieden, sondern zwischen Botschaften, die dazu dienen, die Beziehung zu verbessern, und Botschaften, die die Resignation in der Beziehung bestätigen oder fortsetzen.

Wenn der Betrachter einer Beziehung – als Beteiligter oder als Beobachter von außen – darauf verzichtet, in sich zu entscheiden, wer „gut" und wer „böse" ist, wenn er sich stattdessen für die *Qualität der Beziehung,* für die offen oder versteckt mitgeteilten Gefühle, für die Ängste und Wünsche der Beteiligten interessiert, dann werden in seinem Bewußtsein die bestehenden Fronten in Frage gestellt. Dazu muß er „fühlen statt richten", d. h. er muß die entpersönliche „Rechtsprechung" in sich selbst aufheben und statt dessen die Spannung im jeweiligen Konflikt zwischen den Personen in sich aufnehmen. Das ist ein künstlerisch-kreativer Prozeß.

Eine solche innere Veränderung einer Person verhindert natürlich noch nicht die Gewalt, die von anderen Personen ausgeht. Aber wenn diese Sichtweise als ein „Wissen der Menschen über Menschen" erkannt und weitergegeben würde, wie anderes Wissen auch, dann könnte sie dazu beitragen, daß immer mehr Menschen eine veränderte Einstellung zur Frage der Gewalt entwickeln; dann wäre es auch leichter, sich im Konfliktfall auf dieses Wissen zu beziehen.

Zum Beispiel könnte man dann aus einer anderen Motivation mit Jugendlichen umgehen, die Gewalttaten verüben. Nicht das Prinzip „Rache" oder das Prinzip „Strafe" wäre dann maßgebend, sondern neben dem Schutz der Opfer auch der Schutz der Jugendlichen selbst vor weiteren (eigenen) Straftaten. Man könnte dann die „Szenen" rechts- und linksradikaler Gewalttäter und die in ihnen enthaltenen Botschaften etwa so verstehen: Die ideologischen „Kleider" dieser Jugendlichen sind nur nachträgliche Verkleidungen zur moralischen Legitimiation ihrer Gewalttaten.[9] Nachfolgende Gewalttaten dienen entsprechend der Suchtdynamik zur Bewältigung der Schuldgefühle wegen früherer Gewalttaten. Versteht man diese Dynamik als „Mitteilungen" der jugendlichen Gewalttäter, dann tritt man ihnen als Polizist, Staatsanwalt, Richter oder Nachbar viel bezogener gegenüber. Man nimmt wirklich mit *ihnen* Kontakt auf und verhindert bestmöglich, daß sich die Gewalt wiederholt, anstatt sie nur „wegzusperren" oder resigniert nach einem juristisch als ausreichend angesehenen Maß von „Strafe" wieder „laufen" zu lassen.

Die hier auf der Grundlage psychoanalytischer Erkenntnisse vorgeschlagene veränderte Betrachtungsweise der Gewalt verändert die Wahrnehmung: Aus dieser Perspektive wird deutlich, daß dasselbe Verhalten ganz unterschiedliche Bedeutungen und deshalb auch unterschiedliche Folgen haben kann und daß unterschiedliches Verhalten, etwa verbale oder nonverbale Aggression, nach seiner Bedeutung in einem bestimmten Kontext zueinander gehört. Beim szenischen Verstehen geht es nicht um die Ausstoßung von „Bösen", sondern um die verstehende (= begreifende) Integration aller Beteiligten und ihrer (unbewußten) Phantasien in der gemeinsamen Szene. Bei diesem „Verstehen" handelt es sich um ein aufklärendes Erkennen der Beziehungsstruktur, durch das jeder Beteiligte in *seiner* Verantwortlichkeit erkannt wird.

Das szenische Verstehen verändert auch die immer wiederkehrende Vorstellung, daß es „gute" und „böse" Menschen gibt. Es macht verständlich, weshalb Revolutionäre, die eben noch für Demokratie und Gleichberechtigung gekämpft haben – kaum sind sie an der Macht – sich persönlich auf Kosten anderer bereichern und ihre Machtpositionen in ähnlicher Weise sichern wie diejenigen, die sie deswegen vorher angegriffen haben. Wenn wir weniger auf die von jeder Propaganda betriebene Spaltung in „gute" und „schlechte" Menschen hereinfallen, weil wir uns nach den Kriterien der Gewaltbereitschaft und der Konfliktfähigkeit bei *allen* Menschen richten, werden wir kritischer, auch den „Eigenen" gegenüber, und die Gefahr der Wiederholung von Gewalt durch die jeweils nächsten Machthaber wird geringer.

Wenn wir Gewalt als Beziehungsphänomen definieren, also als Ausdruck einer destruktiven Beziehungsstruktur sehen, verändert sich auch der Umgang mit Gewalt. Wenn Gewalt, wie es im Lexikon [10] nachzulesen ist, dem Strafrecht entsprechend als „Einsatz physischer Kraft zur Beseitigung eines wirklichen oder vermuteten Widerstandes" definiert wird, kann man immer noch darüber streiten – und so geschieht es ja auch – ob im Einzelfall die Gewalt des Staates, z. B. ausgeübt durch die Polizei, gerechtfertigte oder nicht gerechtfertigte Gewalt ist. Erscheint diese Gewalt als nicht gerechtfertigt, fühlt man sich u. U. berechtigt, gegen sie wiederum mit Gewalt vorzugehen. Man fühlt sich aufgerufen, den Staat zu „strafen" oder „vorzuführen", und bleibt damit in der Denkstruktur des Systems, das man verändern will. Der Staat seinerseits und seine Vertreter sehen die „Gewalt" von Widerstandsgruppen (die vielleicht nur „sitzend" Widerstand leisten) als nicht gerechtfertigt an, einfach weil sie nicht vom Staat ausgeht. Die Argumentation beider Kontrahenten in dieser Szene dreht sich ausschließlich um Rechtfertigungen. Der *Konflikt* bleibt unverstanden und die Beziehungsform, d. h. die Phantasien über die konflikthafte Beziehung und die in ihnen enthaltenen Feindbilder auf beiden Seiten bleiben ausgeblendet. Es geht nur noch darum, wer mit seiner Gewalt im Recht ist und wer zu Recht angegriffen wird. Aus diesem Karussell der Legitimationen gibt es keinen Ausweg, es sei denn, man beginnt, sich mit den jeweiligen Feindbildern und den in ihnen enthaltenen Entwertungen anderer Menschen zu beschäftigen.

Dann wird die Sache allerdings komplizierter. Die einfache Regel, daß immer der andere im Unrecht ist, funktioniert dann nicht mehr. Entsprechend werden auch die Unsicherheiten und Ängste wach, die bisher durch die Feindbilder gebunden waren. Man fürchtet, sich nicht mehr wehren zu können, dem Feind ausgeliefert zu sein, oder auch tatenlos zusehen zu müssen, wenn Schwache gequält oder ausgestoßen werden bzw. wenn „der Staat" seine Ordnung verliert. Es entsteht das Gefühl: Was kann ich dann noch tun, wenn ich mich nicht mehr gegen die Starken oder die „Bösen" wehren darf, wenn ich die Starken und Bösen oder die „Chaoten" nicht mehr als die sehen darf, die sie doch sind? Aus der bisherigen Perspektive sieht die neue Sichtweise so aus als „dürfe" man nun nicht mehr für die Schwachen oder für die Ordnung kämpfen oder auch sich selbst nicht mehr gegen Übergriffe wehren. Das macht viel Angst.

Aber es wird uns angesichts der Sicherheitsprobleme auf der

Welt gar nichts anderes übrigbleiben, als uns auf die Verbesserung von *Beziehungen* einzustellen. Wir sehen, daß Gewalt mit Gewalt nicht mehr verhindert werden kann. Es ist unmöglich geworden, die Weitergabe von Atombomben an Länder zu verhindern, in denen die Demokratie unsicher ist, und es ist wohl auch eine Illusion zu glauben, daß die sogenannten stabilen Demokratien auf der Erde im „Ernstfall" wirklich auf die Anwendung von Massenvernichtungswaffen verzichten würden. Rechtspositionen und Großmachtdenken helfen in dieser Situation nicht mehr. Wir müssen uns darauf einstellen, daß nur noch die stete Zusammenarbeit an der Verbesserung der Beziehungen zum beiderseitigen und allgemeinen Vorteil auch in der internationalen Politik die weitere Zerstörung unserer Lebensgrundlagen aufhalten kann.

In der „kleinen Politik" sieht es ganz ähnlich aus: Im Umgang mit psychisch schwer kranken Menschen oder auch mit schwer beziehungsgestörten Straftätern kann man keine von den jeweiligen Personen abgelösten Regeln aufstellen, ob und wann „Gewalt" anzuwenden ist, bzw. ob und wann keine „Gewalt" ausgeübt werden darf. Eine heilende Wirkung kann nur von einem Verhalten ausgehen, das in der jeweiligen Beziehung die Botschaft vermittelt: „Ich versuche, mit *dir* Kontakt aufzunehmen." Die Frage heißt dann nicht mehr: Darf ich, muß ich den anderen jetzt zu etwas zwingen? Oder darf ich das gerade nicht? Stattdessen stellt sich die Frage: Was *will* ich tun, um die Beziehung zu verbessern? Kann ich es und will ich es verantworten, nichts zu tun? Kann ich es und will ich es verantworten, hier deutlich zu werden?

Die persönliche Verantwortlichkeit rückt in den Mittelpunkt, sobald der Streit um die Rechtmäßigkeit und die scheinbar einfachen Lösungen in diesem Streit nicht mehr gefragt sind. Auch in der Kindererziehung geht es dann nicht mehr um die Grundsätze „Strafe muß sein" oder auch „körperlicher Zwang ist auf jeden Fall verboten". Es geht um die Beziehung und um das schwierige Problem, ob und wie die Beziehung verbessert werden kann. Allerdings kann die mystifizierende Legitimation „ich muß dich jetzt schlagen, und das geschieht nur zu deinem Besten" auch nicht mehr tragen. In persönlichen Beziehungen wie z. B. auch im Strafrecht ist es oft schwer zu unterscheiden, ob sogenannt „aggressives" Verhalten oder Festhalten (Einsperren) wirklich im Rahmen einer produktiven Auseinandersetzung geschieht oder ob ihm ein Rachebedürfnis zur Wiedergewinnung des eigenen Gleichgewichts zugrunde liegt.

Bei diesen schwierigen Überlegungen kann die Erkenntnis hilfreich sein, daß die Zerstörung des anderen, der Beziehung zum anderen, und damit regelmäßig auch eine zumindest psychische Selbstzerstörung immer in einer „sprachlosen" Beziehung stattfinden. Um solche Beziehungen überhaupt erkennen zu können, muß man allerdings fähig sein, unter der Sprachlosigkeit zu leiden.

Leider ist in unserer Gesellschaft, wie auch in unseren Familien, die Fähigkeit, unter zerstörten Beziehungen zu leiden, nur schlecht entwickelt. Wir sind zwar daran gewöhnt, in unseren Beziehungen viel „hinzunehmen", aber dieses „Leiden" erscheint uns zumeist als „selbstverständlich". Es erscheint uns als nicht veränderbar, weil wir es nicht als Symptom einer zerstörten Beziehung verstehen, sondern als Folge der „Bösartigkeit" eines Beziehungspartners, einer Gruppe von Menschen, oder der „Gesellschaft überhaupt." Ein echtes Leiden [11], in der Psychoanalyse als Leidensdruck bezeichnet, enthält immer den Veränderungsimpuls und die Erkenntnis, daß es nicht nur um die unveränderbare „Bösartigkeit" anderer Menschen geht, sondern vor allem um die eigene Veränderung in der Beziehung zu sich selbst und zu anderen.

Die Fähigkeit, in diesem Sinne an der Sprachlosigkeit zu leiden, führt nicht zwangsläufig in die Passivität. Im Gegenteil: Wenn man ein sicheres Gefühl für entdialektisierte Beziehungen [12] hat, dann nimmt man nicht „um des lieben Friedens willen" Unterdrückung und Sprachlosigkeit hin oder beteiligt sich daran. Man empfindet schon frühzeitig, wenn „etwas nicht stimmt". Und dann stellt sich die Frage, ob man es wagen kann und will, „Widerstand" zu leisten, d. h. auf die erlebten Defizite aufmerksam zu machen. Der Widerstand im „Dritten Reich" kam, auch aus der heutigen Sicht der damals am Widerstand Beteiligten, zu spät, und er war zu schwach, weil zu wenige Menschen (zu spät) begriffen, daß sie sich die Gewalt nicht gefallen lassen wollen. Der Wunsch, daß der „Führer", der „Vater" doch gut sein möge, und die Angst, mit einer abweichenden Meinung in Konflikte zu geraten, machte viele Menschen lange Zeit stumm. So versäumten sie den Zeitpunkt, an dem sie noch gemeinsam hätten aufstehen und das später immer gewalttätiger werdende Regime hätten verhindern oder beseitigen können.

Aktiver Pazifismus – die Auflösung der Sprachlosigkeit

Gelegentlich wird bedauert, daß wir den Begriff „Krieg" leichter definieren können als den Begriff „Frieden", den wir allenfalls negativ beschreiben, als „Abwesenheit von Krieg".[13] Ich meine, daß beides neu zu definieren ist, wenn man sich auf die Beziehungsebene einläßt. „Krieg" wäre dann eine Beziehungsform, die von zwischenmenschlicher Mißachtung geprägt ist und in der eventuell auch körperliche Gewalt ausgeübt wird. Der Zustand „Krieg" würde aufgrund dieser Definition in unserem Bewußtsein schon sehr viel früher beginnen als wir das bisher gewöhnt sind. Das könnte als frühzeitige Warnung vor drohenden Gewalttaten nur nützlich sein.

Eine positive Definition des Begriffes „Frieden" wäre auf dieser Ebene ebenfalls möglich und zugleich hilfreich. „Frieden" wäre dann, genauso wie „Krieg", nicht etwas, was „geschieht", was „hereinbricht" oder auch nicht. Wenn wir sehen, daß „Frieden" immer ein relativer und gefährdeter Zustand ist, vor allem aber ein aktiver Prozeß, dann müßten wir in unserem Bewußtsein Aktivität nicht mehr mit Kampf und Krieg gleichsetzen und Passivität nicht mit Frieden. Wir brauchten nicht zu glauben, daß der friedlich ist, der nichts tut, der „den Schlaf des Gerechten schläft". Wir könnten durch diese neue Vision eines aktiven Friedens Phantasien in Frage stellen, die zu Beginn beider Weltkriege so viele „aktive" Männer „lustvoll und bereit zu Heldentaten" haben aufbrechen lassen. Um aus depressiven Zuständen herauszukommen, konnten sie sich nichts anderes vorstellen als in den Krieg zu ziehen und dort „ihren Mann" zu stehen. Und viele Frauen waren begeistert von dieser „Männlichkeit". Wenn wir das aktive Bemühen um den Frieden als Ausdruck gesunder Männlichkeit und ebensolcher Weiblichkeit verstehen könnten, gäbe es andere, bessere Möglichkeiten, um aus depressiven Zuständen herauszufinden.

Frieden als aktiver, als lebendiger Prozeß wäre dann gekennzeichnet durch die ständige Bemühung um die Auflösung von Sprachlosigkeit. Denn wenn die Sprachlosigkeit, der fehlende Dialog, die fehlende rechtzeitige Deutlichkeit wichtige Kriterien destruktiver Beziehungen sind, dann geht es überall dort, wo man Gewalt wirklich verhindern oder beenden will, darum, die Sprachlosigkeit aufzulösen und rechtzeitig *deutlich* zu werden. Sprachlosigkeit, wie ich sie hier verstehe, hat allerdings nichts mit der Zahl der gesprochenen Worte zu tun. Als fehlende Offenheit kann sie durchaus mit einem Wortschwall einhergehen. Mit „Sprache" ist hier die Wahrnehmung der eigenen Gefühle in einem Konflikt gemeint und gleichzeitig der Versuch, diesen Gefühlen und dem Wunsch nach Verbesserung der Beziehung Raum und Bedeutung zu verschaffen.

Ich finde es sehr erfreulich, daß der Satz „wer nicht schießen will, muß reden" in letzter Zeit Eingang in das außenpolitische Denken unseres Landes gefunden hat. Vielleicht wird auch der Satz „wer später nicht schießen will, muß frühzeitig reden" allmählich populär, und zwar nicht nur in der Außenpolitik, sondern auch in der Innenpolitik und nicht zuletzt bei Gruppen, die politischen Widerstand leisten wollen. Damit wäre die Grundlage eines *aktiven Pazifismus* hergestellt, der nicht erst in Aktion tritt, wenn es um die Verhinderung eines drohend bevorstehenden Krieges geht. Wenn man erst „aufwacht", wenn der Krieg, in welcher Form auch immer, schon „ausgebrochen" ist, ist häufig nur noch die totale Verweigerung als Widerstandsform möglich, die in der Geschichte oft mit dem Leben bezahlt wurde. In privaten

Beziehungen führt dieses verdrängende Abwarten zumeist zu Trennung und Scheidung.

Wenn man sich aber daran gewöhnt hat, Gewalt in jeder Form als Ausdruck eines fehlenden Gesprächs zu verstehen, und wenn man Politik definiert als die Kunst der offenen Gesprächsführung und des sorgfältigen Umgangs miteinander, dann wird deutlich, daß Politik das Gegenteil von Gewalt ist – oder sein müßte. „Gute" Politik im Großen wie im Kleinen besteht aus dieser Sicht darin, daß man sich frühzeitig und rechtzeitig dafür engagiert, daß Sprachlosigkeit aufgelöst wird. Nur so können spätere Kriege (vielleicht) verhindert werden.

Ich weiß, daß solche Perspektiven utopisch erscheinen. Ich halte sie trotzdem für wichtig. Wie sonst könnten wir wissen, in welche Richtung die Wege aus der Gewalt führen? Ich weiß, daß wir für eine gewaltfreie Politik in diesem Sinne gewaltfreie Familien und gewaltfreie Kinderstuben bräuchten und daß damit in absehbarer Zeit nicht zu rechnen ist. Aber wäre es nicht schon ein Fortschritt, wenn im allgemeinen Bewußtsein das Entgleisen einer dialogischen Beziehung als „schlechte Politik" in privaten wie in öffentlichen Beziehungen erkannt würde? Vermiedene, nicht ausgetragene Konflikte führen zum Krieg.[14] Wenn diese innere Logik der Entstehung von Gewaltbeziehungen allgemein bekannt und vielleicht auch beachtet werden würde, wären wir glücklicher und sicherer in allen unseren Beziehungen.

Viele Paare glauben zu Beginn ihrer Beziehung, daß die „Liebe" – was immer das dann jeweils ist – die Beziehung schon erhalten werde. Sie entwickeln und pflegen ihre Beziehung nicht aufmerksam vom ersten Augenblick an. So geht die Beziehung oft zugrunde wie ein Kind, das man nicht versorgt. Ähnlich werden im Bereich der „inneren Sicherheit" Konflikt- und Krisenherde viel zu spät erkannt; man reagiert erst, wenn jugendliche „Extremisten" durch Gewalttaten auf sich aufmerksam machen. Doch dann ist es für eine kreative Deeskalation meistens schon zu spät, bzw. sie ist sehr viel schwieriger als zu einem früheren Zeitpunkt. Auch die verschiedenen Formen der strukturellen Gewalt, so die Speicherung persönlicher Daten durch Nachrichtendienste, das

Zurückhalten von Informationen über Umweltgefahren, die Mißachtung und Selbstmißachtung der Bürger als „Stimm-Abgeber" und als Objekte der politischen Propaganda, alle diese Erscheinungsformen von Sprachlosigkeit und Mißachtung werden nur von sehr wenigen Menschen als Gefahr oder auch als Defizit unserer politischen Kultur erkannt. Überall, wo Ängste und andere wichtige Gefühle nicht ernst genommen und nicht offen geäußert werden, sind Momente einer Gewaltbeziehung wirksam, in der die Beteiligten sich selbst und gleichzeitig andere mißachten und unterdrücken.

Ein aktiver Pazifismus bemüht sich frühzeitig darum, Feindbilder aufzulösen, auch und vor allem im eigenen Lager und in der eigenen Person. Ich möchte hier noch einmal deutlich machen, daß ich den Begriff „Feindbild" nicht so verstehe, daß sich jemand fälschlicherweise einbildet, der andere sei sein Feind. Ein Feindbild ist vielmehr das Produkt einer „Feindbildbeziehung". Im Sinne des bisher Gesagten halte ich die Sprachlosigkeit für ein wichtiges Charakteristikum einer solchen Beziehung. Man geht in einer solchen Beziehung nicht miteinander um wie mit einem wichtigen anderen Menschen, sondern man läßt Konflikte unausgetragen und verlegt sich stattdessen darauf, im Konfliktfall entweder „wegzulaufen" oder „zuzuschlagen", wobei das „Weglaufen" auf ein Weglaufen in die innere Emigration sei kann, und das „Zuschlagen" trotz Sprachlosigkeit in vielen Worten geschehen kann.

Die Auflösung von Feindbildern bedeutet kein Kampfverbot, wie in manchen pazifistischen Ansätzen und auch bei deren Kritikern häufig vermutet wird. Die Beziehungsphantasie „entweder du oder ich", oder auch das Gefühl, einem bösartigen oder minderwertigen Menschen gegenüberzustehen, kann vielmehr ein Signal dafür sein, daß man sich in einer gefährlichen und in jedem Fall auch frustrierenden Beziehung zu einem anderen Menschen befindet, und daß es sich lohnt, wenigstens darüber nachzudenken, ob der eigene Mut und die eigenen Kräfte dazu ausreichen könnten, den Konflikt mit diesem Menschen auszutragen, anstatt resignierend „zuzuschlagen" oder „wegzulaufen". Bei dieser Überlegung beginnt für mein Verständnis die Chance zur Verbesserung von Beziehungen. Die Auflösung von Feindbildern kann nicht verordnet oder durch „vernünftige" Selbstmanipulation herbeigeführt werden. Sie beruht auf einer freien Entscheidung, auf der Entscheidung, daß man versuchen will, die Beziehung zum bisherigen Feind zu verbessern, weil man glaubt, besser *mit* ihm als *gegen* ihn leben zu können.

Allerdings ist bei diesem Vorgang zu bedenken, daß wir alle ständig innere „Kosten-Nutzen-Rechnungen" anstellen. Kein Mensch bewegt sich auf einen anderen zu, wenn seine Angst vor der Veränderung größer ist als sein Wunsch nach Veränderung. Bei der Auflösung von feindseligen Beziehungen geht es um eine grundsätzliche Neuorientierung in vielen kleinen Schritten. Und bei jedem dieser Schritte steht man vor der Entscheidung, ob man sich an den Kategorien Gut und Böse, Freund und Feind orientieren will oder an der Realität der Beziehung. Der Vorteil der Orientierung an den Kategorien Gut und Böse besteht darin, daß relativ wenig manifeste Angst auszuhalten ist, wenn man sich selbst immer auf der „guten", den als gefährlich erlebten Gegner auf der „bösen" Seite phantasiert. Wenn man sich grundsätzlich für das Gegeneinander, für das Prinzip der Überlegenheit und gegen das Miteinander, gegen die Zusammenarbeit entschieden hat, dann kann man ungehindert durch mitmenschliches Zögern oder moralische Skrupel gegen die anderen vorgehen, man kann die Angst vor der Berührung mit dem Fremden vermeiden. Ein großer Nachteil dieser Entscheidung besteht darin, daß man Teile der Realität nicht sieht. Und das kann sehr gefährlich sein.

Ist man in einer feindseligen Beziehung befangen, dann kann man beim anderen nur noch die Bösartigkeit sehen. Man vertritt dann eine reduktionistische Kriegstheorie: „Der andere ist so, daß er sofort angreift, wenn ich schwächer bin als er. Also muß ich zu meiner Rettung immer stärker sein als er." Diese Kriegstheorie führt unausweichlich in den Rüstungswettlauf, weil beide Seiten den Gegner nur aus dieser Perspektive sehen. Die Angst des anderen und seine Lebenswünsche sind dann für den einen nicht mehr erkennbar; bei sich selbst sieht man nur noch die Angst (vor dem anderen) und den „guten Willen" (zum Frieden), nicht mehr die Angst vor dem Verlust des Feindbildes und der eigenen Machtphantasien. Eine andere Kriegstheorie wäre: „Der andere greift an, wenn er sich bedroht fühlt". Diese Kriegstheorie ist schon weit weniger gefährlich und selbstgefährdend, weil in dieser realistischeren Sichtweise die Chance zu einer positiven Politik im großen und im kleinen entsteht. Das Festhalten an feindseligen Gruppenphantasien (Feindbildern) schadet immer beiden Seiten, das ist uns in diesem Jahrhundert gerade in Europa so unausweichlich deutlich geworden.

Die späteren Kriegsgegner Deutschlands hatten bei Hitlers Machtergreifung nicht „zu wenig Feindbild" von Hitler, sondern sie hatten ein unvollständiges Bild von Hitler und auch von ihrer Beziehung zu Hitler. Ihre Naivität bestand darin, daß sie die Gefahr, die vom anwachsenden Faschismus für die ganze Welt ausging, unterschätzten und vielleicht auch hofften, selbst von dieser Entwicklung profitieren zu können. So gingen sie „aus dem Felde", in der Hoffnung, durch Nichteinmischung ungeschoren und unschuldig davonzukommen. Dieselben Phantasien begünstigten die gefährliche Entwicklung auch im nationalsozialistischen Deutschland selbst. Und heute können wir wieder oder immer noch dieselben naiven Phantasien in bezug auf unsere politische Entwicklung erkennen: Entweder: „Da müßte man dreinschlagen, damit ‚die da oben' endlich beseitigt werden", oder: „Das geht mich nichts an, da kann ich sowieso nichts machen. Es wird schon nichts schiefgehen."

Dieser Stammtischmentalität vieler Bürger entspricht eine ebensolche bei den meisten Politikern. Viele Politiker und auch die meisten Mitglieder und Anhänger unserer politischen Parteien glauben noch immer, daß Demokratie das Gegeneinander im Kampf um die Macht sei. Die Geborgenheit in der eigenen Gruppe ist für sie wichtiger als die Beweglichkeit innerhalb der eigenen Gruppe und in Richtung auf die „anderen" zu. Die Bevölkerung in „Lager" zu spalten, erscheint wichtiger, als sich gemeinsam um eine möglichst gute Politik zu bemühen. Jedes Lager lebt von der Ideologie der eigenen Werte und von der phantasierten

Minderwertigkeit und Bösartigkeit im anderen Lager. Die Gefährlichkeit dieser Situation erkennbar zu machen, erscheint mir manchmal ebenso schwierig, wenn nicht noch schwieriger als der Versuch, in einer sehr zerstrittenen Familie deutlich werden zu lassen, daß das Problem die jeweils *eigenen* Ängste und feindseligen Phantasien sind und nicht das Verhalten der anderen. Die Angst vor dem Machtverlust macht unfähig, realistische Auswege aus der Gefahr zu finden.

Wenn ich den Vorgang der Auflösung von Feindbildern aus meiner Sicht beschreibe, höre ich oft die Antwort: „Aber wenn ich mich auf den anderen einlasse, dann kann ich doch nicht mehr zuschlagen." Und das stimmt wohl auch. Wenn man ein Feindbild aufgibt, verliert man die Fähigkeit, sich *gegen* den anderen in Sicherheit zu bringen. Man kann sich nur noch *mit* ihm zusammen in Sicherheit bringen – eventuell durch eine offene Auseinandersetzung. Wenn der andere in der eigenen Vorstellung nicht mehr nur „böse" ist, wenn wir sehen, daß er selbst Schwierigkeiten und Ängste hat, dann, so glauben wir, können wir ihm doch nichts mehr antun, dann können wir uns vielleicht gar nicht mehr gegen ihn wehren! Schon als Kinder haben wir gelernt, daß man einen schwachen und ängstlichen Menschen nicht angreifen darf. Oft haben wir sogar die Erfahrung gemacht, daß wir diesen Menschen hilflos ausgeliefert sind, weil sie in jedem Fall moralisch überlegen sind. Um so haben wir die Phantasie entwickelt, daß die einzige Chance, in solchen Beziehungen nicht hilflos und ausgeliefert zu sein, darin besteht, nicht zu sehen, daß auch der andere Angst hat. In diesem Nicht-Wahrnehmen eines Teils seiner Person sprechen wir ihm aber die Menschlichkeit und seinen Wert als Mitmensch ab.

Die Vorstellung, daß wir uns in Wirklichkeit nur *mit* dem anderen in Sicherheit bringen können, macht sowohl in unseren politischen Parteien und Gruppierungen Angst als auch in vielen Paar- und Familienbeziehungen. Unsere politische Landschaft würde sich sehr verändern, wenn die ständige Auflösung von Feindbildern das erste politische Ziel werden könnte. Das wäre zwar im Interesse von unser aller Wohlergehen eine notwendige

Entwicklung, aber ich fürchte, daß wir von solchem Denken vor allem in der Parteipolitik noch sehr weit entfernt sind. Wenn wir nicht mehr zuschlagen können, dann glauben wir, unsere Potenz verloren zu haben. Trotzdem halte ich es für sinnvoll, über Alternativen zum „Totschlagsprinzip" durch Mehrheitsbildung in unserer Demokratie nachzudenken.

Feindbilder können prinzipiell an zwei Punkten aufgelöst werden: durch die persönliche Kontaktaufnahme mit dem anderen (Lager) und durch kritische Infragestellung von (kollektiven) Feindphantasien bei sich selbst bzw. im eigenen Lager. An diesen beiden Stellen können Differenzierungen eintreten gegenüber der in schwarz und weiß, in gut und böse, Freund und Feind getrennten „Landschaft" unserer Phantasien. In beiden Fällen ist der Versuch, Kontakt aufzunehmen mit dem Risiko verbunden, von denjenigen, die an der Aufrechterhaltung des Status quo interessiert sind, entwertet und ausgestoßen zu werden: „Geh' doch gleich rüber!" heißt es dann. Aber nicht „rüberzugehen", nicht das Lager zu wechseln (und dadurch die Einteilung in Lager aufrechtzuerhalten), sondern den eigenen differenzierten Standpunkt zu wahren in bezug auf „Freunde" und „Feinde", das bringt für *alle* Beteiligte eine zugleich ängstigende und befreiende Veränderung mit sich.

Natürlich geht es mir nicht darum, ein neues „Märtyrium der Differenzierten" zu schaffen. Es ist ein großes Problem, daß wir allzuleicht unser Verhalten – und sei es der Versuch Feindbilder abzubauen – als ideologisch „richtig" gegenüber dem „falschen" Verhalten derjenigen ansehen, vor denen wir uns fürchten. Dadurch mißlingt aber der Versuch, das System zu verändern mindestens insofern, als die angstbedingte Spaltung in Gute und Böse wiederholt wird. Es ist nicht immer zu vermeiden, daß man Feindbilder entwickelt, selbst wenn man gerade versucht, Feindbilder abzubauen. Es besteht aber eine Chance, diese eigenen Tendenzen langsam abzubauen, wenn man sie allmählich immer besser kennenlernt und wenn man häufig zur eigenen Zufriedenheit durch Konflikte hindurchgegangen ist. Dann beginnt man, diese Konflikte *um seiner selbst willen* anzugehen, und man kann darauf verzichten, dabei zum Märtyrer zu werden.

Friedensfähigkeit und Konfliktfähigkeit sind also eigentlich dasselbe. Konfliktfähigkeit bedeutet die Fähigkeit, die Vielfalt der Meinungen, Interessen und Gefühle auszuhalten und sie ohne Abspaltung in das eigene Bild von der Welt zu integrieren. Der Friede braucht die Vielfalt der Menschen und Meinungen, wie der Boden die Vielfalt der Pflanzen und Tiere braucht, um gesund zu bleiben. In Kriegszeiten zerfällt diese Vielfalt; es bilden sich Fronten. Aktiver Pazifismus arbeitet an der frühzeitigen Auflösung dieser Fronten und tritt dafür ein, daß es nicht genügt, sich auf einer Seite der Front einzuordnen, sondern daß es darum geht, die wahren Gefühle zu suchen und nicht nur irgendeinen „Sündenbock" dingfest zu machen. Zu einem aktiven Pazifismus würde auch gehören, mit den Friedenswilligen und -fähigen auf der anderen Seite zu kooperieren und so die Kooperation der „Kriegssüchtigen" auf beiden Seiten zu unterlaufen.

Diese Arbeit braucht viel Kraft, vor allem viel psychische Kraft, die dafür eingesetzt wird, von der allgemeinen Spaltungstendenz nicht angesteckt zu werden. Die Fähigkeit zum Widerstand gegen sich ausbreitende Gewaltphantasien habe ich anderer Stelle[15] als Kennzeichen eines intakten psychischen und gesellschaftlichen Immunsystems beschrieben. Die Fähigkeit, Spaltungsvorgängen die eigene Integrationskraft entgegenzusetzen, ist Ausdruck psychischer Gesundheit, die ähnlich wie körperliche Gesundheit natürlich nicht auf Anforderung herstellbar ist. Gesundheit in jedem Sinn ist nicht ein Zustand, sondern ein Prozeß, der sich stets aufs neue wieder herstellt – wenn er nicht gestört wird. Deshalb halte ich es für sinnvoll, sich selbst und andere über die Zusammenhänge von körperlich-seelischer Gesundheit, Beziehungsfähigkeit und Gewaltfreiheit in der großen und in der kleinen „Politik" aufzuklären.

Die Angst vor der Annäherung und die Unfähigkeit zu trauern

„‚Das Wort Versöhnung ist völlig falsch'" so erklärte der zu lebenslanger Haft verurteilte RAF-Gefangene Knut Folkerts in einem Interview.[16] „Die gesellschaftlichen Widersprüche seien ‚antagonistisch, sie haben uns hervorgebracht und sie werden auch in Zukunft antagonistisch bleiben'... Deutlich machten die drei Inhaftierten (Knut Folkerts, Karl-Heinz Dellwo und Lutz Taufer), daß sie nicht bereit sind, ‚daß wir unsere Geschichte leugnen und verwerfen'. Lutz Taufer: ‚Wir haben nicht 18 Jahre lang gekämpft, um dann diese Geschichte wegzuschmeißen...'". In einem anderen Interview[17] sagte die RAF-Gefangene Irmgard Möller nach fast 20jähriger Haftzeit auf die Frage „‚Können Sie mit dem Begriff Aussöhnung, den Kinkel gebraucht hat, überhaupt nichts anfangen?': ‚Wir nehmen das jedenfalls nicht wörtlich. Kinkel kann uns nicht mit den Inhalten und Formen des Systems, das wir bekämpft haben, versöhnen. Er muß akzeptieren, daß wir Opposition sind und bleiben werden, und nicht einfach irgendwelche Kriminelle, zu denen sie uns 20 Jahre lang haben machen wollen. Insofern ist Versöhnung falsch.'"

Auch im „rechten" Spektrum der Bevölkerung und der Politiker gab und gibt es viel Ablehnung gegen den Begriff „Versöhnung", wenn es um die vielleicht mögliche Beendigung des Konflikts zwischen „RAF" und „Staat" geht. Anläßlich der gesetzlich vorgeschriebenen Prüfung durch die Gerichte, ob die Aussetzung des Restes einer lebenslangen Freiheitsstrafe möglich ist, hatte der damalige Bundesjustizminister Kinkel dieses Wort verwendet. Das Wort „Versöhnung" scheint auf beiden Seiten ebensoviel Verunsicherung auszulösen wie das Wort „Resozialisierung". Es ist die Angst vor der Annäherung, die diese Worte so gefährlich erscheinen läßt. Wer sie ausspricht, gerät in Gefahr, von beiden Seiten angegriffen zu werden. Für die radikalen Vertreter beider Seiten bedeutet „Versöhnung", daß die eigene Position den bisherigen Gegnern gegenüber sich bedrohlich verändern würde, und gleichzeitig, daß die eigene Geschichte und die eigenen Verhaltensweisen in Frage gestellt würden. Wenn man sich jetzt „versöhnen" soll, würde das bedeuten, daß man bisher „unversöhnlich" war. Man könnte sich erleben wie ein böses Kind, das jetzt nachgeben, seine Fehler einsehen und sich wieder in die Ordnung der anderen einfügen muß.

Solche Vorstellungen sind für Menschen bedrohlich, die ihre Existenz(berechtigung) daraus ableiten, daß sie „Opposition" bzw. „Vertreter des Rechtsstaates" sind. Beide Seiten beziehen ihr Selbstbewußtsein vom immerwährenden Antagonismus, vom unaufhebbaren Widerspruch zwischen oben und unten, rechts und links, richtig und falsch. Um ihre radikalen Positionen und Verhaltensweisen in der Vergangenheit zu legitimieren, müssen sie nachträglich immer recht gehabt haben und auch weiterhin immer recht haben. So sieht das Gesicht aus, das sie wahren wollen oder glauben wahren zu müssen.

Auch der Begriff Resozialisierung ist auf beiden Seiten nicht beliebt, denn bei einer ernsthaften Bemühung um Resozialisierung geht es ebenfalls um (Wieder-)Annäherung. Auf der Seite des „Staates" wurde in den letzten 20 Jahren sehr wenig zur Resozialisierung der gefangenen RAF-Mitglieder getan (wie überhaupt für die Resozialisierung im Strafvollzug). Es war wichtig, daß man die Gefangenen „hatte" und daß man sie isolieren konnte; weniger wichtig war es, sich zu überlegen, wie man mit ihnen in Kontakt kommen könnte. „Fangen und Wegsperren", das war die Devise im Umgang mit den „Staatsfeinden", deren Selbstdefinition als Feinde man bereitwillig übernahm. Durch die Isolation, nicht nur untereinander, sondern vor allem auch von der übrigen Gesellschaft, förderte man die starre Unbeugsamkeit der ideologischen Verhärtung, in der sich ein zur Sprachlosigkeit verurteilter Mensch naturgemäß festklammert. Die wichtigste Funktion des Strafvollzugs, die Resozialisierung, wurde (bewußt)? versäumt. So hatte man immer gleichbleibende „Feinde", auf die man bei Bedarf verweisen konnte, und die sich, vor allem wegen der Haftbedingungen der Gefangenen, immer wieder „vermehrten". Das „Vorführen" war gegenseitig.

Auf der Seite der RAF wollte man das Wort Resozialisierung natürlich ebensowenig hören. Würden sich die Gefangenen auf diese Form der Annäherung einlassen, dann würde das in ihrem Bewußtsein bedeuten, daß sie „einfach irgendwelche Kriminelle" sind, die wieder in das System der Unauffälligen, Ordentlichen und Braven eingefügt werden müssen. So „einfach irgendwer" zu sein, dafür wollten sie dann doch nicht einen großen Teil ihres Lebens geopfert haben.

Hier begegnen sich die autoritäre und die antiautoritäre Haltung in seltsamer, aber doch verständlicher Ähnlichkeit. Um ihre Unsicherheiten zu unterdrücken, haben sie sich beide für ein klares Entweder-Oder entschieden: „Entweder Schwein oder Mensch ... Entweder Problem oder Lösung. Dazwischen gibt es nichts. Sieg oder Tod", so erklärte Holger Meins seine Haltung noch unmittelbar vor seinem Tod.[18] „Fundamentalisten" auf der „rechten" Seite haben einen prinzipiell ähnlichen Mechanismus ausgebildet, der ihnen hilft, genau zu wissen, wer richtig und wer falsch ist, wer dazugehört und wer nicht dazugehört. Das autoritäre Bewußtsein entwickelt sich aus der Identifikation mit den strafenden Eltern, die vorgeben, Ordnung schaffen zu *müssen*. Das antiautoritäre Bewußtsein besteht spiegelbildlich dazu aus der lebenslangen Identifikation mit dem unterlegenen Kind, mit den Schwachen und Unterdrückten, auch wenn diese gar kein Interesse daran haben, sich auf diese Weise vertreten zu lassen. Sie *müssen* einfach vertreten werden, so phantasiert man sich die eigene Lebensaufgabe, und zwar durch Gewalt. Eine Vertretung der Schwachen durch Aufhebung der Sprachlosigkeit kommt nicht in Frage. Wichtig für beide Positionen ist der immerwährende Antagonismus, in dem man sich großartig fühlen kann. Der Kampf und die Kampfphantasien werden gepflegt, das Gespräch und die mögliche Annäherung im Gespräch werden gefürchtet und verdammt. Woher kommen diese Berührungsängste?

Die Ursache dieser künstlich aufrechterhaltenen Sprachlosigkeit und der Angst vor dem Gespräch kann man historisch und strukturell beschreiben. Historisch verstanden ist es, wie schon gesagt, die unendliche Wiederholung der Sprachlosigkeit zwischen Eltern und Kindern, die sich da zwischen autoritären und antiautoritären Persönlichkeitsstrukturen (je nach Zugehörigkeit zu verschiedenen gesellschaftlichen „Klassen") mit verteilten Rollen reproduziert. Strukturell läßt sich die Ursache der Angst vor der Annäherung durch die zerstörten Ichgrenzen der beteiligten Menschen erklären. Die Feindseligkeit muß ständig aufrechterhalten und erneuert werden, weil sonst ein Zustand „ohne Grenzen", die „Verschmelzung" droht. Bei Annäherung wüßte man nicht mehr, wer man selbst ist und wer der andere ist. Wenn die Grenzen so unsicher sind, braucht das Ich dringend ein Nicht-Ich, das im Kontrast zum Ich, zur eigenen Welt und Denkweise steht. Und dieses Nicht-Ich, der Kontrast in Form der „Chaoten" bzw. der „Herrschenden" muß man sich immer wieder vor Augen führen. Da die Abgrenzung so unsicher ist, wird es auch als Erleichterung erlebt, wenn das Nicht-Ich sich wieder einmal „typisch schlecht" verhalten hat; eventuell muß man es dazu bringen, dies zu tun.

Anhand eines Textes der RAF[19] aus den ersten Jahren ihres Bestehens läßt sich diese gewaltsame Oppositionshaltung gut zeigen: Nach diesem Text soll die durch die Gewalt des Staates hervorgerufene „legitime Gewalt der Arbeiterklasse zeigen, daß die sozialen Verhältnisse in der gegenwärtigen Gesellschaft Zwangsverhältnisse sind, daß jede soziale Veränderung, sollte sie ohne Gewalt sich ergeben haben, mit Zustimmung der herrschenden Klassen eingetreten sei; daß gesellschaftsverändernde Maßnahmen, da sie gegen die Interessen der Herrschenden gerichtet seien, nur mit Gewalt durchzusetzen wären..." Sofern die Arbeiterklasse sich nicht mit diesen Zielen und Methoden identifiziere, habe sie eben ein „falsches Bewußtsein, das sich nur in der gewaltsamen Praxis aufheben läßt."

Immer wieder und in allen Gruppierungen entstehen „Kreuzzüge" gegen „falsches Bewußtsein", „falsche Religionen" oder „falsche Ideologien". Und Kreuzzüge waren schon immer Unternehmungen mit „imperialistischem" Hintergrund. Unter dem Vorwand, den „richtigen" Glauben zu bringen, wurden Völker unterworfen und ausgeplündert. Die Erweiterung des eigenen Herrschaftsraumes wurde als „Befreiung" deklariert. Wenn ich diese Szene zurücktransponiere in die Eltern-Kind-Beziehungen der beteiligten und für solche Kreuzzüge zu begeisternden Menschen, dann sehe ich Eltern vor mir, die glauben oder vorgeben zu glauben, daß sie den Kindern deren „falsches Bewußtsein" nur durch Gewalt austreiben können, und die deshalb ständig die Grenzen der Kinder verletzen. Diese Szene wird zwangsläufig von den Kindern verinnerlicht; sie wiederholen sie, sei es als Verfolger des „falschen Bewußtseins" bei den „Herrschenden", sei es als Verfolger des „falschen Bewußtseins" bei den „Beherrschten". Veränderungen, die sich durch Annäherung und Verständigung ergeben, können nicht als wirkliche Veränderungen angesehen werden, denn sie sind nicht durch Kampf, nicht durch Sieg zustande gekommen. Szenisch verstanden handelt es sich dabei aber nicht um Veränderungen, sondern um Wiederholungen desselben. Die „imperialistische" Gewalt und die Sprachlosigkeit werden wiederholt und nicht aufgelöst.

Das ist die Folge einer Perspektive, aus der es um die Bekehrung, Veränderung, Unterwerfung, Vernichtung „falscher" Menschen, Systeme oder Ideologien geht, und nicht um die Veränderung von Beziehungsstrukturen. Pauschalurteile („die" Kapitalisten, Kommunisten, Muslime, Terroristen, Herrschenden, Juden, Araber ... sind so ...) behindern die Sicht auf Menschen und auf persönliche oder auch politische Konflikte und Motive.

Diese Perspektive muß man einnehmen, wenn man in seinem bisherigen Leben nicht erfahren hat, daß die zwischenmenschliche Begegnung und die darin mögliche Veränderung *beider* Konfliktpartner heilsam sein können. Versuche, in der Politik neue, friedliche Formen der Annäherung zwischen Vertretern unterschiedlicher Ideologien einzuführen, wie die Gespräche zwischen SPD und SED im Jahre 1987, wurden und werden von den „Fundamentalisten" beider Seiten diskreditiert. Die Annäherung zwischen bisherigen Feinden stellte die bisher klaren Grenzen in Frage. Das brachte für viele Menschen eine so große Verunsicherung mit sich, daß sie solche Versuche diffamierten und heute noch für parteipolitische Zwecke auszunützen versuchen. So werden die verlorenen Grenzen wieder hergestellt, jetzt gegenüber denen, die sich mit der „anderen Seite", mit den „Bösen" eingelassen haben.[20]

Ähnliche Szenen, in denen die Angst vor der Annäherung deutlich wird, erleben wir in der Auseinandersetzung um die Stasi-Akten und um die Bewältigung der beiden deutschen „Vergangenheiten" im „Dritten Reich" und in der „DDR". Wo Grenzen verloren gehen, müssen neue Abgrenzungen gefunden werden, jetzt z. B. gegen diejenigen, die mit den „Bösen", dem Staatssicherheitsdienst der ehemaligen DDR Kontakt hatten. Ich habe den Eindruck, daß es hier oft vor allem um die Frage „Berührung ja oder nein" geht, weniger um die Art der Berührung und um die persönlichen Schicksale von Opfern und Tätern. Die Auseinandersetzungen haben zum Teil gerichtsähnlichen Charakter angenommen; es fehlt ihnen die Chance zur Trauerarbeit.

Trauerarbeit ist Versöhnungsarbeit. Das bedeutet, daß es hier um ein Gespräch zwischen Opfern und Tätern geht, zwischen allen, die an Szenen der Gewalt beteiligt waren. Es geht darum, jeweils das *eigene* gewalttätige Verhalten bedauern zu können. Nur so können Feindschaften beendigt, kann die Fortsetzung der Gewalt vermieden werden. Nur so kann auch, z. B. in Gesprächen zwischen den ehemaligen Kriegsgegnern (Deutschland – Tschechoslowakei, Deutschland – Polen, Deutschland – Rußland) ein Mitgefühl mit den Opfern *beider* Seiten entstehen, die sicherste Garantie gegen eine Wiederholung von Kriegen. Was geschehen ist, muß sichtbar bleiben, aber nicht durch leere Rituale der Selbstanklage, sondern durch Gespräche darüber, wie man sich damals *fühlte,* und wie man sich jetzt *wirklich* miteinander fühlt. Die Unwahrheit über die eigenen Taten wird getragen von der Unwahrheit über die eigenen Gefühle. Deshalb hat die Wahrheit über die Taten oft erst eine Chance, ans Licht zu kommen, wenn die Wahrheit über die eigenen Gefühle hergestellt ist. Erst die Wahrheit über die Geschichte der eigenen Gefühle ermöglicht ein wirkliches Verständnis für das, was geschehen ist. Dann stellt sich auch die Wahrheit über das, was wirklich geschehen ist, von selbst ein.

Trauerarbeit ist die Ent-Deckung der wahren Gefühle und damit verbunden der integrierende Umgang mit Schuld. Was geschehen ist, kann oft nur von Opfern und Tätern gemeinsam als Teil ihrer Beziehungsgeschichte verstanden und angenommen werden. Ob diese gemeinsame Arbeit gelingen kann, hängt von der Fähigkeit und Bereitschaft beider Seiten ab, sich auf einen solchen Prozeß einzulassen. Oft ist dazu ein Raum nötig, im direkten und im übertragenen Sinn, in dem vor allem die Angst vor der Annäherung und vor dem damit verbundenen Verwundbar-Werden einen geschützten Platz hat.

Wenn die Angst zu groß ist, um eine solche Annäherung zu wagen, ist es oft einfach nötig zu verhindern, daß der Täter (z. B. ein Straftäter) wieder schuldig wird. Wo das Mitgefühl mit dem Opfer nicht oder noch nicht zugelassen werden kann, besteht die Gefahr, daß sich die Gewalt in irgendeiner Form wiederholt. So ist z. B. der Antisemitismus in Deutschland nicht nur Ursache, sondern auch Folge von Auschwitz. Verdrängte Schuldgefühle der Täter und ihrer Nachkommen werden dabei durch Projektion von Bösartigkeit und Minderwertigkeit auf die Opfer und durch Verleugnung des Geschehenen abgewehrt. Aus diesem Grund geht es bei der Trauerarbeit nicht nur um das Wiederzulassen verdrängter Gefühle – das ist die Basis – sondern eventuell auch um Aktivität. Wo das Gespräch noch nicht möglich ist (z. B. in Fällen von sexuellem Mißbrauch oder Mißhandlungen von Kindern) muß die drohende Wiederkehr der Gewalt gegebenenfalls auch durch aktives Eingreifen verhindert werden. Versöhnungs*arbeiten*, Aktivitäten, die der Annäherung zwischen Opfern und Tätern dienen, erleichtern ihrerseits die Wiederkehr der Gefühle. Verordnete „Trauer" verändert nichts.

Wenn der Täter die Möglichkeit hat, sich um den zu kümmern, den er verletzt hat, hilft das beiden. Im „Täter-Opfer-Ausgleich"[21], einer kriminalpolitischen Initiative zur Resozialisierung straffällig gewordener Jugendlicher (z. T. auch Erwachsener) durch Gespräche zwischen Tätern und Opfern wird versucht, solche Möglichkeiten zu schaffen. Ähnliche Prozesse wären nötig z. B. bei der Annäherung zwischen Deutschen und Tschechen. Bisher waren auf beiden Seiten starke Kräfte am Werk, die vor allem an der Aufzählung und Aufrechnung der Gewalttaten der jeweils anderen Seite interessiert waren. Nach dem Fall des „Eisernen Vorhangs" wäre jetzt die Gelegenheit zu vielen privaten Auseinandersetzungen gegeben, in denen man auch darüber sprechen könnte, wie Unrecht und Gewalt wiedergutgemacht werden könnten. Ich fürchte, daß die Erklärungen beider Staatspräsidenten, daß jedes Volk das bedauern muß, was es *selbst* getan hat – so wichtig diese Erklärungen sind – im Einzelfall nur selten zur Geltung kommen. Wer wird wohl von den heute zumeist durch ein hohes wirtschaftliches Gefälle unterschiedenen Deutschen und Tschechen Interesse daran haben, einen versöhnlichen und persönlichen Ausgleich für das zu finden, was „im Windschatten der Geschichte" an Mißhandlungen, Vergewaltigung, Zerstörung und Aneignung auf beiden Seiten geschehen ist? Den einzelnen Menschen täte ein solcher Prozeß gut, aber wer hilft ihnen dabei?

Toleranz – das Herz der Revolution

Der Raum der für Annäherungsprozesse nötig ist, ist nach meiner Erfahrung ein Beziehungsraum – natürlich könnte es auch ganz konkret der Beratungsraum einer dafür eingerichteten Institution sein – ein Beziehungsraum, in dem die Toleranz für die wahren Gefühle, insbesondere für die Angst, aber auch für die Wünsche nach Annäherung und Frieden zum Grundprinzip geworden ist. Nur so hat die Entdeckung der Wahrheit eine Chance.

Gewalt ist der direkte Ausdruck von Intoleranz zwischen Menschen. Also kann eine wirklich revolutionäre Veränderung von Gewaltstrukturen nur durch die Aufhebung der Intoleranz geschehen. Zum Glück hat das Wort „Menschlichkeit" immer noch eine sehr positive Bedeutung, nämlich die des Mitgefühls, der Toleranz und der Hilfeleistung. Eine Revolution, die mehr Menschlichkeit einführen will, muß zuallererst „Räume der Toleranz" schaffen, in denen sich eine Neustrukturierung bisher gewalttätiger Beziehungsstrukturen entwickeln kann. In der Geschichte wurde zumeist nach einem „Umsturz" die Unmenschlichkeit nun von den anderen, den Revolutionären, fortgeführt. Durch solche Revolutionen hat sich wohl immer eine gewisse Entwicklung im Sinne der Veränderung ergeben; aber der Glaube an den Fortschritt zum Positiven ist uns heute lebenden Menschen vergangen, zumindest was gewaltsame Revolutionen und Gewaltanwendung überhaupt betrifft.

Also müssen wir andere Vorstellungen entwickeln von den Veränderungen, die wir haben wollen. Die meisten privaten und politischen Revolutionen wurden und werden aus dem Gefühl heraus begonnen: Jetzt hat meine/unsere Toleranz ein Ende. Wie kann ich also die Toleranz als den Beginn und das Herz der Revolution ansehen? In dem Ausspruch „Jetzt hat meine Toleranz ein Ende" hat Toleranz die Bedeutung von Passivität. Sie entspricht dem subjektiven Gefühl, lange Zeit Einschränkungen irgendwelcher Art hingenommen zu haben. Jetzt soll aus der Passivität wieder Aktivität werden. Das „Hinnehmen" soll aufhören, es soll nichts mehr „hingenommen" werden, im Gegenteil. Jetzt ist Kampf angesagt, der aber häufig kein Kampf um die Auflösung einer Gewaltbeziehung ist, sondern nur ein Kampf gegen den „Unterdrücker".

Andere Vorstellungen über einen revolutionären Prozeß haben sich zum Beispiel in der Psychoanalyse ergeben. Ich habe sie in diesem Buch dargestellt. Wenn die Befreiung nicht gleichzeitig eine Selbstbefreiung von innerer Selbsteinschränkung ist, dann kann sich daraus keine gemeinsame Befreiung zusammen *mit* dem „Feind" ergeben. Es geht um eine zunehmende Toleranz sich selbst gegenüber. Nur sie kann die Grundlage zunehmender Toleranz anderen gegenüber sein. Toleranz und Freundlichkeit den eigenen Ängsten und „Fehlern" gegenüber führt eben nicht, wie wir oft glauben, zur Lähmung – im Gegenteil. Toleranz, die nicht Gleichgültigkeit ist, macht die Gefahr deutlich, von Gewaltphantasien angesteckt zu werden. Wenn man es für möglich hält, daß man selbst zum Gewalttäter werden könnte, dann kann man solche Situationen leichter erkennen. Das ermöglicht einen aufgeklärten Umgang mit Gewalt, insbesondere mit den eigenen Tendenzen, auf Gewalt mit Gewalt zu reagieren. Auch im „Kampf für den Frieden" ist es wichtig, sich die eigenen Tendenzen zur „Totalverweigerung" und zur Flucht an allen Fronten zuzugestehen. Wer nicht nein sagen könnte, kann auch nicht ja sagen.

Aus dieser toleranten Haltung sich selbst und seinen Ängsten gegenüber ist es oft erst wieder möglich zu überlegen, *ob* man überhaupt hier eingreifen will, und wenn ja, wie. Innere und äußere „Räume der Toleranz" bieten die Möglichkeit, sich immer wieder die Frage zu stellen: Glaube ich jetzt, mich um einer Ideologie willen in den Kampf werfen zu müssen – und eventuell untergehen zu müssen? Oder: Habe ich Lust, *diesen* Konflikt *jetzt* auszutragen? Glaube ich, die Kraft dazu zu haben? Will ich es und kann ich es verantworten, diesen Konflikt unausgetragen zu lassen?

Es mag erstaunlich klingen, wenn ich hier nach der Lust frage – sind wir nicht alle mehr oder weniger dazu erzogen, nicht nach unserer Lust, sondern nach unserer Pflicht zu fragen? Kann denn etwas gut sein oder gut werden, wenn wir es nicht gut und richtig *machen* wollen, sondern uns gut dabei *fühlen* wollen? Wenn wir die Prinzipien der Gewalt ernst nehmen, so ist der Ausstieg aus der Kettenreaktion der Gewalt nur möglich, wenn wir aufhören, die eigenen Gefühle und unsere Bedürfnisse nach Mitmenschlichkeit zu unterdrücken. Nur der in uns allen lebende, in unterschiedlichem Maße verdrängte Wunsch nach gesunden und befriedigenden Beziehungen, nach Respektierung der (psychischen und materiellen) Grenzen, kann uns aus der Grenzenlosigkeit, die zugleich immer Kontaktlosigkeit ist, heraushelfen. Dieser Wunsch, gepaart mit der Toleranz für die Ängste, die bei Annäherung an den unsicheren Grenzen unserer Person immer wieder auftreten, ist nach meinem Verständnis und nach meiner Erfahrung das Motiv, das Schritte auf den Wegen aus der Gewalt möglich macht.

Nun mag man einwenden, daß ich als Psychoanalytikerin leicht von „Räumen der Toleranz" sprechen und schreiben könne, da die Psychoanalyse solche Räume ja bereitstelle; aber wo wären solche Räume sonst zu finden? Wo findet man sonst einen Platz, an dem die Regeln des Kampfes zwischen „richtig" und

„falsch", zwischen „ich" und „du" wenigstens prinzipiell aufgehoben sind? Diesem Einwand muß ich insofern zustimmen, als tatsächlich zu wenige Orte – in unserem Bewußtsein und in unseren gesellschaftlichen Institutionen – bestehen, an denen man versuchen kann, sich auf die Wahrheit der eigenen Gefühle und eventuell auch auf einen anderen Menschen, einen bisherigen „Feind" einzulassen. Es fehlen geschützte Räume, und es fehlt sehr häufig an der Zustimmung beider Seiten, einen solchen revolutionären Versuch zur Befreiung aus der feindseligen Verklammerung zu unternehmen. Beides wäre aber Voraussetzung für eine wirkliche Veränderung, die nicht wieder missionarisch-imperialistischen Charakter hat, jetzt unter dem Vorzeichen der Predigt vom nötigen Abbau der Feindbilder. Auch ich sehe, daß die Voraussetzungen für die „Räume der Toleranz" weitgehend fehlen. Aber ich glaube, daß es schon ein aufklärender Schritt ist, zu bemerken, was fehlt.

In der Friedens- und Konfliktforschung[22] wird seit relativ kurzer Zeit (wie schon seit längerer Zeit in der analytischen Sozialpsychologie[23]) gefordert, man solle den „subjektiven Faktor" nicht vergessen. Aus psychoanalytischer Sicht entspricht diese Forschung der Erkenntnis, daß wirkliche Veränderungen von Gewaltstrukturen jeder Art nur möglich sind, wenn der einzelne beginnt, sich an sich selbst, an den eigenen Gefühlen zu orientieren. Zumeist wurde uns eine solche Orientierung an uns selbst schon im Kindesalter als „Egoismus" ausgetrieben. „Wo soll das hinführen, wenn jeder sich nur nach sich selbst richtet?" Man befürchtete, daß dann das Chaos eintreten würde, daß sich der „Mensch als des Menschen Wolf" zeigen würde, sobald er sich nicht mehr an die Gebote des Altruismus halten würde. In der Zeit der antiautoritären Bewegungen und in verschiedenen fundamentalistischen Psychotherapieformen (starke Trennung von „Gefühl" und „Verstand", manipulative Unterstützung einer Revolution *gegen* „böse" andere Menschen) wurde das Gegenteil propagiert. Man solle sich eben *nicht* nach den Wünschen der anderen richten, sondern *nur* nach den eigenen Wünschen.

Ich sehe in diesen beiden Bewegungen das Abbild einer inneren

Ambivalenz, ein Schwanken zwischen Du und Ich, wobei die Beziehungsstruktur maßgeblich durch das Entweder-Oder bestimmt wird. Das trotzige „Ich" wird gegen das vereinnahmende „Du" gesetzt – und wird dadurch selbst vereinnahmend. Die Szene ändert sich wenig, ob man nun die eine oder die andere Seite betont. Das Problem ist auch hier die psychische Unabgegrenztheit, die Schwierigkeit, sich als Ich vom Du zu unterscheiden. Nun gibt es prinzipiell zwei Möglichkeiten, dieses Dilemma zu lösen: Das scharfe „Entweder-Oder" einerseits, und das deutliche „Und" andererseits. Das „Entweder-Oder" (entweder es geschieht das, was ich will, oder es geschieht das, was du willst) bringt nur eine scheinbare Abgrenzung. Hier kann zwar zwischen dem Willen des einen und dem Willen des anderen unterschieden werden, aber es wird jeweils der eine zum Objekt des anderen, und das bedeutet: Er wird zu einem Teil des anderen. Er ist nicht ein Gegenüber, an das sich der eine im Gespräch wendet, und das im Gespräch antwortet. Nur die zweite Version, das deutliche „Und", kann die fehlende Unterscheidung zwischen Ich und Nicht-Ich bringen. In der Struktur „Ich und Du" ermöglicht das „Und" gleichzeitig die Verbindung und die Trennung der Personen. Das Ich steht hier nicht automatisch im *Gegensatz* zum Du, damit überhaupt eine Unterscheidung möglich ist, sondern es bleibt „Ich", in seiner *wirklichen* Beziehung zum Du, die sich bei genauem Hinsehen immer als eine ambivalente Beziehung (eine Mischung aus Wünschen und Ängsten) herausstellt.

Wenn ich nun meine, daß wirkliche Veränderungen von Gewaltstrukturen jeder Art nur möglich sind, wenn der einzelne beginnt, sich an den eigenen wirklichen Gefühlen zu orientieren, dann hat das mit einer Aufforderung zur Absolutsetzung der eigenen Person nichts zu tun. Ich will damit vielmehr ausdrücken, daß nur das Ja zur eigenen inneren Wahrheit auch ein (abgegrenztes) Ja zum jeweils anderen sein kann. Unterschiede der Gefühle und Meinungen gehören zum wirklichen Bild einer Beziehung. Werden sie „um des lieben Friedens willen" unterdrückt, dann nimmt die Beziehung dadurch nicht die Form „Ich und Du" an, sondern es handelt sich um zwei voneinander ununterscheidbare

Personen, die versuchen „gleich" zu sein. Sie vermeiden dadurch den nötigen Dialog, das Verbindungs- und Trennungsstück zwischen ihnen – ähnlich wie zwei Personen, die krampfhaft auf der Gegensätzlichkeit ihrer Standpunkte beharren.

Die Gefühle des einzelnen spielen in der großen und in der kleinen Politik eine viel größere Rolle als wir zumeist denken. In Streitigkeiten zwischen Paaren und zwischen Politikern oder auch in allen anderen zwischenmenschlichen „Kriegen" wimmelt es von Begründungen, die die darunterliegenden Gefühle schützen und verbergen sollen. Nicht die Angst, wertlos zu sein, wird in solchen Kämpfen ausgedrückt, sondern es werden diffamierende Kränkungen ausgetauscht, gespickt mit Begründungen und Beweisen. Die Angst als wichtigstes und ausschlaggebendes Gefühl in einem solchen Kampf hat keinen Platz zwischen den Streitenden. „Ich habe Angst" oder „Ich möchte Frieden und Verständigung", solche Botschaften würden den Krieg schnell beenden, sofern sie gesagt *und* gehört werden könnten. Aber sie „gelten nicht" als Elemente in den meisten unserer „Kriegsspiele". Und doch wären die Aussagen über das wirkliche Erleben und die wirklichen Wünsche die eigentlich politischen Aussagen. Eine Wissenschaft, die die (verborgenen) Gefühle und Wünsche als Beziehungselemente aus ihrer Betrachtung ausschließt und nur materielle Interessen und rationale Überlegungen „gelten" läßt, verfällt dem in unserer Gesellschaft herrschenden Reduktionismus, der mit dazu beiträgt, daß Gewaltbeziehungen so schwer auflösbar sind.

In den ersten Tagen des letzten Golfkriegs fiel mir immer wieder ein altes Kinderlied aus (hoffentlich der Vergangenheit angehörenden) militaristischen Zeiten ein. Es verherrlicht die Gewalt und den Erfolg der Unterdrückung, und es vermittelt den Kindern die Botschaft, daß Sicherheit nur durch überlegene Stärke und Rücksichtslosigkeit zu gewinnen ist:

„Ein kleiner Schelm bist Du, weißt Du, was ich tu?
Ich steck' Dich in den Habersack und bind' auch oben zu.
Und wenn Du dann noch schreist: Bitte laß' mich raus!

Dann bind' ich nur noch fester zu und setz' mich oben drauf."

Dieses Lied spiegelt die Intoleranz gegenüber den Gefühlen allgemein und hier im besonderen gegenüber den Gefühlen des Kindes als Konfliktpartner. Dem Kind und seinen Gefühlen wird damit gedroht, „in den Habersack" gesteckt zu werden, also aus der Gemeinschaft ausgeschlossen zu werden, und dies um so mehr, je mehr sich das Kind dagegen wehrt. Eine logische Folge dieser Drohung ist die Identifikation mit dem Mächtigen. Man steckt am besten selbst seine Gefühle in den „Habersack", man trennt sie von sich selbst ab, und setzt sich oben drauf.

In Konfliktsituationen haben wir wohl alle mehr oder weniger die Tendenz, störende Gefühle „in den Habersack" zu stecken und uns oben drauf zu setzen, um uns selbst und anderen überlegen zu sein, um funktionieren zu können, um Krieg führen zu können. Würden wir unser Mitgefühl nicht „in den Habersack" stecken, wir könnten nicht Krieg führen, wir könnten andere Menschen und Völker nicht verletzen. Das in dem Lied verwandte Bild von „Sack", in den die Feinde gesteckt werden, fand ich kurz darauf, am 26.2.1991, in einer Meldung der „taz" wieder: „‚Wir stecken die Republikaner-Garde in einen Sack, binden ihn zu, versiegeln ihn und hauen drauf.' So beschrieb ein Pentagon-Vertreter gestern in Washington das Ziel, das die US-Streitkräfte und ihre Verbündeten in wenigen Tagen zu erreichen hoffen."

Wer in seiner Familie diese Beziehungsstruktur (das In-den-Habersack-gesteckt-Werden) als Opfer kennen gelernt hat, und wer dazu noch glauben gelernt hat, daß dieser Umgang mit „Sündern" sowohl nötig als auch gerechtfertigt ist, der erschrickt nicht bei solchen Ankündigungen, bestätigen sie doch sein bisheriges Lebenskonzept, in dem Gefühle und Hilfeschreie von „Bösen" nicht gehört werden *dürfen*. Er schließt sich lieber „chirugischen Phantasien" über den Krieg an, nach denen z.B. dieser Golfkrieg ein „Operationsfeld" war, in dem „kurz, gezielt und schmerzlos" etwas „Bösartiges" entfernt wurde, wodurch nach der Operation alles besser sein sollte als vorher. In einer Operation müssen aber die Gefühle des Operierten durch Anästhesie abgeschaltet werden. Der Chirurg versucht, seine Gefühle durch eine sachlich-medizinische Einstellung abzuschalten und durch Abdecken des restlichen menschlichen Körpers, in den er hineinschneidet.

In diesem emotional reduzierten Zustand kann man „operieren", strategisch denken und handeln: Der andere Mensch ist ein „Objekt" geworden. Im Falle einer humanen Chirurgie mag das für den Patienten oft hilfreich und nötig sein, wenn die Beziehung gleichzeitig eine Beziehung der Hilfeleistung ist. Aber in den meisten anderen Beziehungen hat das Abschalten der Gefühle des Leidens und Mitleidens nur Zerstörung zur Folge. Die Berücksichtigung und Pflege des Schmerzempfindens ist unsere beste Möglichkeit, solche Beziehungsformen zu verändern.

Die Wiederzulassung der wahren Gefühle zwischen den Menschen, in all ihrer wirklichen Komplexität führt nicht in das befürchtete Chaos. Das Chaos droht nur demjenigen, der bisher „Ordnung" zwischen den Menschen darin gefunden hat, daß jeder „ordentlich" war und sich an die Gesetze gehalten hat. Eine Umorientierung im Sinne der zunehmenden Aufmerksamkeit für die wirkliche Befindlichkeit der einzelnen Menschen macht demjenigen Angst, der bisher seine Sicherheit in normativen Strukturen gefunden hat. Aber gerade diese Art der „Ordnung" könnte man aus einer anderen Perspektive als „Chaos" erleben, denn die einzelnen Menschen und die Verbindungen zwischen ihnen (ihre Gefühle zueinander) sind nicht erkennbar. Man sieht nur ein Netz von Regeln, die mehr oder weniger befolgt werden. Die Gefühle werden nicht beachtet, oder man bewertet sie, indem man fragt, ob sie „zu Recht" gefühlt werden. Sie stecken „im Habersack" und dürfen sich nur so weit herauswagen, wie sie die „Ordnung" nicht stören. In dem Maße wie sie daraus befreit und wieder als wichtige Teile der jeweiligen Personen akzeptiert werden könnten, ergäbe sich wirklich eine „neue Ordnung", in der aber jetzt Menschen als Orientierungspunkte erkennbar wären.

Die Rolle des Dritten bei der Auflösung der Fronten

In den letzten Jahren hat das Interesse an der Rolle und den Möglichkeiten eines Dritten zugenommen, der bei der Auflösung von Kriegszuständen im engeren und im weitesten Sinn helfen könnte. Paare, die nicht mehr miteinander sprechen können, sehen diesen Zustand immer häufiger nicht nur als die Schuld oder die Unfähigkeit des jeweils anderen an und suchen deshalb gemeinsam Hilfe bei einem Dritten, z. B. einem Paartherapeuten. Außerdem wurde in letzter Zeit in Deutschland eine in den USA entwickelte Methode aufgegriffen, „Meditation" genannt, mit der Paaren, die nach oder während ihrer Trennung um die Kinder oder um Vermögenswerte kämpfen, eine Möglichkeit angeboten werden soll, sich mit Hilfe eines „Mediators" außergerichtlich zu einigen. Diese Versuche, kämpfenden Parteien bei der gemeinsamen Lösung ihrer Probleme zu helfen, beruhen auf dem Prinzip, daß ein Außenstehender durch seine Unterstützung beiden Kontrahenten deren jeweils *eigene* Verantwortung wieder bewußt machen kann, die sie in Form von Schuldvorwürfen auf den Konfliktpartner verschoben haben.

Auch in der Strafjustiz bemüht man sich um Möglichkeiten, wie mit Hilfe eines Dritten Täter und Opfer miteinander ins Gespräch kommen und über eine Wiedergutmachung des Schadens oder der Verletzung miteinander sprechen können.[24] In manchen (leider nur sehr wenigen) politischen Veranstaltungen [25] wird versucht, gegensätzliche politische Meinungen und deren Vertreter in ein konstruktives Gespräch miteinander zu bringen (so z. B. zwischen „Ausländerfreunden" und „Ausländergegnern", zwischen Atomkraftgegnern und Befürwortern der Atomkraft, usw.). Und nicht zuletzt scheint mir in der sogenannten großen Politik die Frage immer dringender zu werden, wie Dritte in einem Konflikt zwischen zwei Staaten oder Bevölkerungsgruppen sinnvoll eingreifen könnten, ohne durch den Eingriff zur Eskalation der Gewalt beizutragen. Die Schwäche der UNO und der EG im jugoslawischen Bürgerkrieg macht die Hilflosigkeit von Dritten angesichts eines Konflikts deutlich, der nicht rechtzeitig als Gefahr erkannt wurde und in dem die Gewaltspirale schon eine kaum zu stoppende Eigendynamik erreicht hat.

In einer solchen Situation, in der der Dialog zwischen den Konfliktpartnern nicht mehr möglich ist, weil er gar nicht mehr gesucht wird, und weil beide Seiten verbissen um größtmöglichen Land- und Einflußgewinn kämpfen, sind Dritte „ungebetene Gäste". Sie werden allenfalls zur Wahrung des eigenen Gesichts (der Maske der Friedfertigkeit) hinhaltend angehört und (durch wiederholte und dann nicht eingehaltene Waffenstillstandsversprechen) immer wieder getäuscht.

Nicht unähnlich geht es gelegentlich einem Paartherapeuten oder auch einem Mediator, der nur pro forma „benutzt" wird. In solchen Situationen überlegt man sich, ob man als Dritter hier überhaupt noch etwas Sinnvolles tun kann, und weshalb das Paar nicht schon Hilfe gesucht hat, als die Fronten noch nicht so verhärtet waren. Leider gibt es immer wieder Konfliktpartner, die nicht sehen (wollen und können), daß sie bei der Lösung ihrer Probleme von ihrem Partner, ihrer Partnerin abhängig sind, wenn diese Lösung ohne (weitere) Gewalt vor sich gehen soll. Sie verleugnen ihre Abhängigkeit von anderen Menschen, und das ist zumeist dann auch die Grundlage des unlösbaren Konflikts, der sie miteinander verbindet. Aufgrund ihres – aus ihrer Angst verständlichen – grundsätzlichen Kampfes gegen die Abhängigkeit können sie weder beieinander noch gemeinsam bei einem Dritten einen „Raum der Toleranz" für ihre Gefühle und Wünsche finden.

Aber nicht alle Konflikte sind so verhärtet, daß nur noch ein Gerichtsurteil den Streit (vorläufig und ersatzweise) beenden kann. Der neue Gedanke, der in den beschriebenen Versuchen einer „Vermittlung" auftaucht, geht dahin, daß der Dritte nicht (Schieds-)Richter sein soll. Er soll gerade *nicht* entscheiden, wer hier recht hat oder wieviel dem einen und dem anderen zusteht. Man hilft den Parteien dabei, ein Konfliktbewußtsein zu entwickeln, sich als Konfliktpartner und nicht nur als Opfer oder Täter zu verstehen. Dadurch verändert sich auch die Rolle des Dritten. Er ist weder Bündnispartner der einen noch der anderen Seite (wie

z. B. Rechtsanwälte in streitigen Verfahren) und auch nicht Richter. Er wird gebraucht als konfliktfähiger Dritter, der die psychische Kraft hat, den Konflikt in sich auszuhalten, ohne Partei zu ergreifen und ohne die Streitenden um seines eigenen Erfolgs willen dazu zu zwingen, daß sie sich einigen.

Diese Aufgabe ist schwierig, sind wir doch alle mehr oder weniger in Strukturen aufgewachsen, die uns schon als Kinder in die Parteinahme mit Erwachsenen, meist mit Vater oder Mutter, gezwungen haben. Die Tendenz, dem Konflikt durch (eventuell wechselnde) Parteinahme auszuweichen oder seine Angst durch Größenphantasien zu beruhigen (*ich* bringe die beiden zusammen), liegt nahe. Einen Raum für einen gemeinsamen Veränderungsprozeß kann man nur bieten, wenn man die Position des Dritten halten kann. Das bedeutet, daß man sich mit beiden Partnern identifiziert, beider Ängste, beider (partielle) Friedenswünsche und ebenso beider (partielle) „Kriegswünsche" sieht und versteht – und trotzdem selbst emotional in seiner dritten, der eigenen Position nicht untergeht. Dabei besteht immer wieder die Gefahr, daß man sich, wie schon als Kind, für die Beziehung der kämpfenden Parteien verantwortlich fühlt und gleichzeitig die Verantwortung für sich selbst, für das eigene Wohlergehen aufgibt. Die eigene Befindlichkeit wird gleichsam als Opfergabe für die Versöhnung der beiden Streitenden eingebracht, ein Opfer, das den erwünschten Zweck niemals erfüllen kann. Im Gegenteil, je mehr sich der Dritte selbst verleugnet, desto mehr geben die Streitenden die Verantwortung für ihren Streit an ihn ab: „Wir streiten immer noch, und Sie haben unseren Streit immer noch nicht beendet. Wozu kommen wir eigentlich zu Ihnen?"

Solche Situationen sind für den Dritten oft schwer auszuhalten. Man braucht viel psychische Kraft, um sich nicht immer wieder täuschen, „einwickeln" oder bedrohen zu lassen, nicht von einem der beiden und nicht von beiden gemeinsam. Die Angst und Unsicherheit, die man in solchen Situationen spürt, entspricht der Angst, die die Kämpfenden selbst auch haben, auch wenn sie von ihrer Angst und überhaupt von Gefühlen nicht sprechen wollen oder können. Die Angst braucht aber einen

„Raum der Toleranz", in dem sie geschützt ist und ihre Existenzberechtigung hat, auch wenn sie zu stören scheint. Angst ist ein Hinweis darauf, daß man sich verlassen und bedroht fühlt. Also könnte man als Dritter in solchen Situationen die Bedrohlichkeit für sich selbst dadurch vermindern, daß man seinerseits aktiv zu beiden Seiten Kontakt aufnimmt und die Verantwortung dafür, was die beiden miteinander tun, diesen überläßt.

Konkret könnte das so aussehen, daß man mit beiden Seiten eine intensive fragende Beziehung aufbaut. Fragend deshalb, weil es um die Pflege des Dialogs als „Verbindungs- und Trennungsstück" zwischen den Personen geht, das verlorengegangen ist. Es geht um den Versuch einer Annäherung mit allen eben beschriebenen Ängsten und Risiken. Dabei müssen die Grenzen gewahrt werden, was nicht leicht ist, wenn sie sehr beschädigt sind. Die Wahrung der Grenzen bedeutet immer auch „zu Hause zu bleiben", in den eigenen Grenzen zu bleiben, und das bedeutet: die eigenen Gefühle und Bedürfnisse zu berücksichtigen. Gleichzeitig kommt es darauf an, daß man bei allem Interesse für sich selbst das Interesse für den „Nachbarn" nicht verliert – und umgekehrt. Der „aktive Pazifismus" des Dritten würde dann so aussehen, daß dieser *seine* Beziehung zu beiden Konfliktpartnern pflegt und intensiviert. So öffnet sich die Front zwischen beiden. „Mitten im Schlachtfeld" ist der Dritte zwar gefährdet; wenn er aber in sich das Bewußtsein aufrechterhalten kann, daß er seinen Platz nicht *zwischen* den beiden hat, sondern daß sich sein eigener Platz an der dritten Ecke des Dreiecks befindet, dann kann es gelingen, allmählich und in kleinen Schritten die Absolutheit der Front zwischen den beiden Kontrahenten aufzulösen.

Natürlich ist dazu das Einverständnis beider Seiten erforderlich, das immer wieder gesucht werden muß, wenn es bei zunehmender Angst verloren zu gehen droht. Die Kunst des Dritten besteht darin, einerseits die Front der beiden als deren Schutzschild zu verstehen und zu respektieren und andererseits diese Front für sich selbst nicht als Verpflichtung zur Einordnung auf einer der beiden Seiten zu verstehen. Dadurch stellt er die Notwendigkeit, Krieg zu führen, in Frage und versteht sie doch gleichzeitig als Ausdruck der Angst jedes einzelnen, vereinnahmt und überwältigt zu werden.

Die verlorenen Grenzen können zumeist nur in einem langen und mühsamen Prozeß wieder hergestellt oder sicherer gemacht werden. Dadurch, daß der Dritte selbst „zu Hause" bleibt und sich gleichzeitig für seine beiden „Nachbarn" interessiert, verändert er das intrapsychische und das interpsychische Gewaltsystem. Intrapsychisch werden abgespaltene und beim anderen bekämpfte Anteile der eigenen Person wieder „zu Hause" integriert, interpsychisch wendet sich die Aufmerksamkeit von der Befestigung der (Ersatz-)Grenzen durch Feindseligkeit ab und der aktiven Bemühung um einen Dialog mit dem Konfliktpartner zu. Das innere Bild der Beziehung verändert sich. Von der Polarisierung des Nullsummenspiels (Was er/sie gewinnt, geht mir verloren) geht es in vielen kleinen vorsichtigen Schritten über in ein Bild, das Getrennt-Sein und Verbunden-Sein in eine dialektische Verbindung miteinander bringt (Wir sind nur dann in Kontakt, wenn wir psychisch voneinander getrennt sind. Was mir gut tut, tut dann auch Dir gut).

Wenn kein expliziter Auftrag für die Aktivität eines Dritten existiert, ist die Rolle des Dritten wesentlich schwieriger einzunehmen und durchzuhalten. Dann besteht im Bewußtsein aller Beteiligten nicht die Phantasie eines triangulären Beziehungsmusters. Anstatt eines Dreiecks hat man das Bild eines „Zweiecks" im Kopf. Das Entweder-Oder zwischen zweien scheint die einzig mögliche Beziehungsstruktur zu sein. Wer sich nicht in eines der beiden Lager einordnet, der gilt in einem solchen Feld als Feigling oder Schwächling, denn einen respektierten Platz für einen Dritten gibt es nicht. Das ist die Wiederholung der Kindheitsszenen der beteiligten Erwachsenen: Als Kind gab es für sie keinen respektierten Platz an der „dritten Ecke" des Dreiecks. Sie waren immer nur der oder die Zweite für Vater oder Mutter. Dabei wurde jeweils der Dritte oder die Dritte ausgeschlossen. Und das war für die beiden „Eingeschlossenen" nicht gut.

In einer solchen Beziehungsstruktur ist ein „Raum der Toleranz" oft sehr schwer herstellbar. Wenn Dritte trotzdem die Kraft und den Mut aufbringen, sich nicht einordnen zu lassen und dies auch deutlich zu machen, entsteht zunächst bei allen Beteiligten Angst, denn die klare Frontenbildung bindet Angst und Unsicherheit. Wird sie durch einen Dritten in Frage gestellt, dann wird zunächst einmal jeder für jeden bedrohlich.

Beim Übergang aus der Sicherheit der „Linie" zur Unsicherheit im „Dreieck" habe ich oft das Bild des Mühle-Spiels vor mir. Die im Dreieck aufgestellten Steine („offene Mühle") bedeuten Unsicherheit für alle Drei (Steine). Ein Spieler kann, wenn er seine Reihen schließt (eine „Mühle" zumacht), einen der drei gefährdeten Steine des anderen entfernen und so dessen Position, die Fähigkeit, ebenfalls durch „Schulterschluß" anzugreifen, schwächen. Wird die Mühle geschlossen, dann wird der Dritte (Stein) „auf Linie gebracht"; er dient dann nur noch zur Vervollständigung der Front, die gleichzeitig Sicherheit gegen Angriffe bietet und durch den Schritt des „Schließens" den Gegner schwächt. Wenn aber die Öffnung des Dreiecks nicht mehr gewagt wird, ist auch keine Veränderung mehr möglich, weshalb die Spielregel eine solche Öffnung auch erzwingt. Für mein Verständnis spiegelt dieses Spiel, das ja ein Kampf-Spiel ist, die Mischung von Sicherheits- und Unsicherheitspositionen wider, die in jeder zwischenmenschlichen Auseinandersetzung eine Rolle spielen. Bin ich (beruflich oder privat) die Dritte in einem solchen Spiel, dann versuche ich – soweit ich den Mut und deshalb vielleicht auch die Lust dazu habe – die Mühle zu öffnen und dadurch die Regeln des Kampfes (einer von beiden muß untergehen) in Frage zu stellen: Ein Tisch mit drei Beinen kann stehen, ein zweibeiniger Tisch nicht. Der Übergang von der „Zweibeinigkeit" zur „Dreibeinigkeit" des Tisches kann also auch eine Zunahme an Sicherheit für alle bedeuten.

Sobald die „Dreibeinigkeit" als notwendig und gut akzeptiert wird, kann der Tisch, das trianguläre Beziehungsfeld, Schutz bieten für Veränderungsprozesse, die dann alle Drei betreffen. Im Konzept des Täter-Opfer-Ausgleichs[26] wird deutlich, wie wichtig es ist, daß Straftäter das „Gesicht" des Opfers zu sehen bekommen; nicht, um ihnen moralische Vorhaltungen zu machen, sondern um sie mit ihrer Tat nicht alleine zu lassen. Für Mörder, Räuber, Sexualstraftäter, aber auch für „kleinere" Straftäter ist das Opfer zum Objekt geworden, zu einem Gegenstand, mit dem man nach Belieben verfahren kann, ähnlich wie sie selbst einst Objekte ihrer Bezugspersonen waren. Wenn sie nun im Strafvollzug nur „weggesperrt" werden, erleben sie wieder kein Gegenüber, das sich selbst ernst nimmt und das deswegen auch sie ernst nimmt. Sie werden als Gefangene wieder zu verwalteten Objekten, wodurch ihre Schädigung wiederholt und verstärkt wird. Sie bleiben unter „ihresgleichen", erleben sich weiter als „Abschaum der Gesellschaft" (vielleicht grandios überhöht, so daß man die Minderwertigkeitsgefühle nur noch schwer erkennen kann) und verkehren ihre Schuldgefühle mit anderen zusammen in Größen- und Gewaltphantasien. Im Gefängnis wiederholen sie ihre Lebensszenen unaufhörlich in den Rollen von Täter und Opfer. Mit diesen Szenen selbst wird kaum umgegangen. Man bietet den Straffälligen nur sehr selten einen „Raum" an, in dem ihre Taten vor dem Hintergrund ihrer Geschichte, und womöglich im Gespräch mit dem Opfer, durchgearbeitet werden können.

Auch die (Grenz-)Verletzungen der Opfer können in einem solchen „Raum" unter Umständen besser heilen. Die Anwesenheit der Opfer hilft nicht nur den Tätern. Wenn die Opfer die Gelegenheit haben, mit den Tätern zu sprechen und eventuell gemeinsam eine Möglichkeit zu finden, wie der Schaden wieder gut gemacht werden könnte, brauchen sie das Geschehen nicht nur „vernünftig" zu verdrängen und sich eventuell daran „aufzurichten", daß der Täter seine gerechte Strafe erhält. Das Gespräch über die gemeinsame Geschichte und über die Gefühle, die mit dem Geschehen verbunden sind, fördert die Trauerarbeit auf beiden Seiten. Gewiß sind für solche Hilfestellungen durch Dritte innerhalb und außerhalb der Gefängnisse viel Sorgfalt in der Gesprächsführung und eine gute Ausbildung erforderlich. Aber mir scheint, daß schon die bisherigen Ergebnisse dieser Initiativen zeigen, daß Helfen statt Strafen auch finanziell billiger ist als zuzusehen, wie sich die Gewalt ständig wiederholt.

Eine andere Stelle, an der ein trianguläres Beziehungsfeld hilfreich sein könnte, sind Polizeieinsätze bei Demonstrationen. Am Beispiel der Kämpfe um Wackersdorf habe ich gezeigt[27], wie das Dreieck zwischen Demonstranten, Betreiberfirma und Staat (Polizei) zusammenbricht, und welche Folgen ein solcher „Zusammenbruch" hat. In den Auseinandersetzungen um die atomare Wiederaufbereitungsanlage Wackersdorf wurde die Polizei zum Büttel der Regierung (und der Betreiberfirma) degradiert. Statt drei Parteien gab es im Bewußtsein der Kämpfenden nur noch zwei. Die Polizei war nur noch Freund und Helfer einer Konfliktseite, obwohl manche der Beamten inhaltlich auf der Seite der Demonstranten standen. So mußten sie gegen die Demonstranten eine „Schlacht" führen, die schon durch diese Frontenbildung pauschal zu „Staatsfeinden" erklärt waren, obwohl sie sich größtenteils selbst nicht so erlebten. Hätte sich die Polizei als „Dritte" verstanden, als die Kraft, die die Demonstrationsfreiheit schützt und eine gewaltfreie Auseinandersetzung ermöglicht, sie hätte mit *beiden* Seiten Kontakt aufgenommen, vor allem mit den Friedenswilligen auf beiden Seiten, die kein Interesse an einer Eskalation der Gewalt hatten. Sie hätte das Mittel der Demonstration im demokratischen Sinn als eine Möglichkeit verstanden, etwas zu *zeigen* und offen mit Andersdenkenden und anderes Wollenden ins Gespräch zu kommen.

Eine ähnliche prinzipielle Schwäche sehe ich auch in der Unfähigkeit der meisten Politiker und Journalisten, in dem Konflikt zwischen Serben und Kroaten die Friedenswilligen auf beiden Seiten zu sehen und zu unterstützen, und gleichzeitig den „Kriegswilligen" auf beiden Seiten deutlich Einhalt zu gebieten. Allzu gerne verzichten wir als potentielle Dritte auf die Chancen, die mit dieser Position gegeben wäre. Das Leben scheint einfacher zu sein, wenn man in einem Streit die einen für (nur) „gut", die anderen für (nur) „böse" hält.

Wenn man über die friedensstiftende Funktion der Dritten konsequent weiter nachdenkt, tritt die Frage ins Blickfeld, ob Deserteure in Kriegszeiten und Totalverweigerer (in Friedenszeiten) solche Dritte sind, die die Einordnung in eine Schlachtordnung verweigern. In den Diskussionen um mögliche Denkmale für Deserteure, die eine Ehrenerklärung für frühere und zukünftige Deserteure wären, wird häufig zwischen „guten" und „bösen" Deserteuren unterschieden. Die „guten" Deserteure hätten im letzten Krieg aus politischer Überzeugung aktiven Widerstand geleistet, während die anderen „nur einfach leben wollten" – als ob der Wunsch zu leben kein politisch relevanter Anspruch wäre. Diejenigen, die gegen die von vielen Deutschen nachträglich als „falsch" eingestufte Nazi-Regierung Widerstand geleistet haben, müssen heute von den meisten Menschen (notgedrungen) für „gute" Deserteure gehalten werden. Wenn man sie nicht für „gut" hielte, geriete man in Gefahr, als Nazi beschimpft zu werden. Aber die Deserteure, die einfach nur ihr Leben retten wollten, gelten für sehr viele Menschen auch heute noch als bedrohlich. Als Verräter werden sie beschimpft von denjenigen, die es selbst nicht gewagt haben oder nicht wagen würden, ihr Leben in Sicherheit zu bringen, anstatt das Leben anderer und das eigene im Dienste der Zerstörung zu „opfern".

Freilich macht die Diskussion um die Deserteure deutlich, daß auch sie als „Dritte" viel zu spät aufgetreten sind. Wenn erst einmal der Krieg „ausgebrochen" ist, ist die Rolle des Dritten unter Umständen lebensgefährlich. Würden wir in unserem Bewußtsein und in unseren gesellschaftlichen und politischen Institutionen die Notwendigkeit *frühzeitig* einsetzender Krisenmechanismen etablieren, wir könnten vielleicht an manchen Stellen die Eskalation der Gewalt noch rechtzeitig abbrechen. Solche Institutionen lösen nicht alle Probleme, aber sie verändern das Bewußtsein. Wenn es sie gäbe, dann könnte zum Beispiel deutlich werden, unter welchen Umständen ein Eingriff von außen nicht eine unerlaubte Einmischung in die „inneren Angelegenheiten" eines Menschen, einer Familie oder eines Staates darstellt.

Insgesamt werden wir uns wohl fragen müssen, ob wir unsere Kraft und unser Geld für die Institutionalisierung von „Dritten" einsetzen wollen oder ob wir lieber unsere Sicherheit und unseren Wohlstand in der Produktion und Aufstellung von Waffen suchen wollen. Waffen sind in jedem Fall schädlich, wenn sie gebraucht werden, und auch, wenn sie nicht gebraucht werden.

Wenn sie nicht gebraucht werden, veralten und verrosten sie als unproduktives Volksvermögen. Wenn sie gebraucht werden, zerstören sie Lebensgrundlagen und Kulturgüter im eigenen Land und in anderen Ländern. Die Alternative zur unproduktiven Rüstung mit Waffen sehe ich in der Installierung von Institutionen und Mechanismen zur Krisenbewältigung, die ständig gepflegt und auch genützt werden müssen. Sie veralten nicht, im Gegenteil. Je mehr man sie nützt, desto mehr macht man damit die Erfahrung, daß jeder, der sich als „Dritter" verhält, zur Deeskalation beiträgt.

Nach der Präambel seines Grundgesetzes will das Deutsche Volk „dem Frieden der Welt dienen". Das würde bedeuten, sich aktiv zur Verfügung zu stellen, seine Kraft dafür einzusetzen, immer mehr nationale und internationale Strukturen zu schaffen, die sich um einen aktiven Pazifismus als Ausdruck von Friedfertigkeit bemühen.

Nachwort

Ich habe in diesem Buch Teile meiner Beziehungstheorie dargestellt, soweit sie den Abbau von Gewaltbeziehungen betrifft. Diese Theorie beruht auf den Erkenntnissen der Psychoanalyse. Ich weiß, daß ich dabei gelegentlich von den Möglichkeiten und nicht von der Realität der Psychoanalyse und der Psychoanalytiker gesprochen habe. Auch Psychoanalytiker sind Menschen, die zu einer bestimmten Zeit und in einem bestimmten Umfeld leben. Insofern sind sie mitbetroffen von den kollektiven Verdrängungsmechanismen und mitbeteiligt an deren Aufrechterhaltung oder an deren Auflösung.

Trotzdem sehe ich in der psychoanalytischen Art zu denken eine prinzipiell unbegrenzte, weil stets veränderbare Möglichkeit, mit unseren intrapsychischen und interpsychischen Problemen umzugehen, indem wir sie immer wieder neu verstehen. Das Grundprinzip der Psychoanalyse, die kompromißlose Suche nach der Wahrheit, eröffnet immer neue Freiheitsräume, wenn auch manche einmal (z. B. zu Freuds Zeiten) gefundenen „Wahrheiten" durch den Bewußtseinswandel im Lauf der Geschichte zu „alten Wahrheiten" werden. Die lange Tradition der Ideologie- und Gesellschaftskritik in der Psychoanalyse ist für mich so wertvoll, daß ich sie in meiner Arbeit fortsetzen möchte so gut ich kann. Sie verpflichtet, so meine ich, die Psychoanalytiker/innen, das, was sie über die Entstehung und mögliche Umgangsformen mit Gewaltbeziehungen wissen, der Öffentlichkeit in einer nicht nur intellektuell, sondern möglichst auch emotional verständlichen Sprache mitzuteilen. Es geht dabei nicht darum, „die Gesellschaft auf die Couch" zu legen, wie manchmal hoffnungsfroh oder auch entsetzt und gelegentlich ironisierend vermutet wird. Es geht vielmehr darum, unsere Vorstellungen über Spaltungsprozesse und Grenzüberschreitungen innerhalb der Personen und zwischen den Personen der öffentlichen Diskussion zur Verfügung zu stellen.

Manche Fachvertreter der Politikwissenschaft, der Soziologie und der Friedens- und Konfliktforschung mögen meiner Darstellung zwischenmenschlicher Konflikte und ihrer mehr oder weniger gelingenden Lösungen vielleicht nicht zustimmen. Das liegt wohl auch daran, daß in der psychoanalytischen Betrachtung der Respekt für die Angst und den Schmerz ein Hauptanliegen ist. Als Psychoanalytiker/innen erfahren wir täglich in unserer Arbeit, daß Veränderungen von Beziehungsstrukturen nur möglich sind, wenn ein geschützter Beziehungsraum für Ängste und Schmerzen zur Verfügung steht. Phantasien über die Machbarkeit von Veränderungen, die diese Gefühle übergehen, erscheinen aus dieser Perspektive illusionär.

In meiner Tätigkeit („hinter der Couch" und „ ohne Couch") habe ich die Erfahrung gemacht, daß die Friedens- und Konfliktforschung durch die persönliche Erfahrung in der psychoanalytischen Arbeit sehr bereichert werden kann. Die Arbeit am Schreibtisch ist wichtig, aber sie kann die konkrete Arbeit „im Feld" und die Erfahrungen dort nicht ersetzen. In diesem Feld habe ich einen Mikrokosmos psychischen Lebens vor mir (und in mir). Ich kann die „Schicksale der Lebenswünsche" studieren, das heißt: Ich kann sehen, wie diese Wünsche beim einzelnen schon frühzeitig unterdrückt werden und wie schwierig es ist, sie wiederzufinden. Ich sehe das Zusammenspiel zwischen Vorgängen im Individuum und in den das Individuum umgebenden Klein- und Großgruppen. Und ich muß sehen, daß man den einzelnen nur in sehr reduziertem Maße versteht, wenn man ihn nicht auch innerhalb der Beziehungsstrukturen sieht, in denen er lebt – und umgekehrt.

Ich sehe auch, daß die psychoanalytische Betrachtungsweise nur eine von vielen möglichen Betrachtungsweisen ist. Eine Psychologisierung der Politik, wie sie mir manchmal vorgeworfen wird, würde ein Absolutsetzen der eigenen Sichtweise und eine unzulässige Grenzüberschreitung zwischen zwei Wissenschaftsbereichen bedeuten. Ich kann dazu nur sagen, daß ich die Annäherung (nicht die „Vergewaltigung"!) zwischen zwei und mehr Wissenschaften an sich schon für eine Bereicherung halte. Die Psychoanalyse kann, ohne sich selbst dabei absolut zu setzen, eine Verbindung herstellen zwischen dem, was ein Mensch tut und was er dabei fühlt. Das schließt nicht aus, daß sie aus anderen Wissenschaften z. B. lernen kann, wie ökonomische Bedingungen (Arbeitslosigkeit und Armut) auch die Möglichkeiten der Demokratisierung in einem Volk vermindern. Viel zu wenig findet aus meiner Sicht auch die Ethnologie Eingang in die öffentliche Diskussion über die Unterschiede der kollektiven Bewußtseinsstrukturen in verschiedenen Ländern des Nordens und des Südens. Das interdisziplinäre Gespräch und seine Veröffentlichung könnte an dieser Stelle dazu beitragen, daß wir nicht in kolonialistischer Manier weiterhin versuchen, dem „Süden" unsere Form von Demokratie aufzudrücken.

Eine gemeinsame Basis für solche interdisziplinären Gespräche könnte die Betrachtung von *Beziehungen* sein. In den verschiedensten Wissenschaften entwickeln sich derzeit Vorstellungen von Beziehungsnetzen und kleinsten Informationseinheiten zwischen den „Knotenpunkten" solcher Netze. Das menschliche Immunsystem wird z. B. erkannt als ein kompliziertes System von vielen kleinen Informationen und Botschaften.[1]

Ebenso kann man das psychische und das soziale Immunsystem der Menschen als ein äußerst differenziertes Informationssystem ansehen. Zu unterscheiden wären dann einerseits Botschaften, die von einem Menschen zum anderen gehen und dabei dessen Grenzen, seine Eigenart, die Art wie er die Botschaft versteht und beantworten will, berücksichtigt, und andererseits Botschaften, die die Eigenart des Empfängers nicht berücksichtigen, seine Grenzen überschreiten und in ihn eindringen. Alle zentralistischen Organisationsformen müssen, um in ihrer Art effektiv zu sein, die zweite Art von Botschaften aussenden. Hier müssen alle Empfänger gleich (geschaltet) sein; wenn sie unterschiedlich reagieren, stören sie den Funktionsablauf des Systems.

Da aber diese Art des Umgangs miteinander nicht der menschlichen Natur entspricht, wird überall dort, wo in dem beschriebenen Sinne Gewalt ausgeübt wird, das sozio-psycho-somatische Immunsystem[2] geschädigt. Es kommt zu „Krebsgeschwüren" verschiedener Art, wie z.B. staatlichen Nachrichtendiensten und anderen Datenbanken zur „Erfassung der Bürger", zur Produktion und Anwendung von Waffen und allen anderen Formen der Gewalt.

Großprojekte jeder Art, das sehen wir jetzt, spiegeln nur den Gigantismus unserer Industriegesellschaften wider. Sie sind Folge und Ursache unseres geschädigten Immunsystems. Denn das Leben kann nicht mit Gewalt gemacht oder aufrechterhalten werden. Wir Menschen leben, wie auch die übrige Natur, von einer Vielzahl kleiner unschädlicher Botschaften, die sicher noch bei weitem nicht alle erforscht sind. Diese Botschaften lassen den Empfänger frei, so zu reagieren, wie er kann und will. Das wird für mein Verständnis zunehmend in den Forschungen zur Wirkung der Homöopathie deutlich, aber auch durch die Erkenntnisse über die Placebo-Wirkung von Medikamenten und ganz allgemein über die unterschiedliche Wirkung von Medikamenten, je nach Therapeut-Patient-Beziehung. Auch in der Psychotherapie erkennen wir derzeit, daß die *Beziehung* zwischen Therapeut und Patient und die in dieser Beziehung enthaltenen „minimalen" Botschaften ausschlaggebend sind, und nicht die „großen Aktionen". Der Mensch richtet sich nach kleinen, adäquaten Botschaften, auf die er eingestellt ist. Man braucht deshalb den anderen nicht „im Griff" zu haben, wenn man ihm helfen will. Im Gegenteil, es kommt gerade auf die Pflege des dialogischen Gesprächs an, und das ist die Pflege der Beziehung.

Wenn wir uns zunehmend als Teile eines Netzes verstehen, dann kann vielleicht auch bewußt werden, daß eine Frontenbildung dieser Netzstruktur zutiefst widerspricht. Wer als Teil eines Netzes auf einen anderen Teil desselben Netzes einschlägt, um ihn zu verändern, zu unterdrücken oder auszubeuten, der handelt gegen sich selbst, denn er zerstört das Netz, das ihn selbst auch trägt. Deshalb glaube ich, daß vor allem eine Erforschung der

„kleinen Botschaften" von einem „Knotenpunkt" des Netzes zum nächsten in Zukunft heilsame Erkenntnisse und Veränderungen in zwischenmenschlichen Beziehungen mit sich bringen kann.

Die Aufklärung über die unterschiedlichen Arten von Beziehungsstrukturen kommt aber leider in unseren Wissenschaften und auch in unseren Schulen nur sehr langsam voran. Ich meine, daß das nicht nur eine Folge von fehlendem Wissen ist, sondern auch ein Ausdruck von Angst. Diese Angst tritt auf, wenn wir erkennen müssen, daß wir alle voneinander abhängen, nicht nur die Schwachen von den Starken, sondern auch umgekehrt. Die Wissenschaften, die uns die scheinbare Bewältigung aller Probleme in dieser Welt gebracht haben – und deren katastrophale Folgen wir jetzt in der globalen Umweltzerstörung erkennen müssen – diese Wissenschaften haben sich immer nur mit Wenn-Dann-Beziehungen beschäftigt, mit der Frage: Was muß ich tun, damit das Objekt, der andere sich wunschgemäß verhält? Ich glaube, daß wir unsere Wissenschaften auf ganz andere Fragestellungen ausrichten müssen, auf Fragen an ein antwortendes Subjekt. Aber das wäre ein großes Feld weiterer Forschung, das ich hier nur andeuten kann.

In diesem Buch konnte ich keine Rezepte zur Verhinderung oder Auflösung von Gewaltbeziehungen anbieten. Solche Rezepte kann es nicht geben, da jeder Mensch nur seinen eigenen, von ihm zu verantwortenden Weg geht und gehen kann. Aber ich konnte die Prozesse der Entstehung, der Weitergabe und der Auflösung von Gewaltbeziehungen beschreiben, soweit ich sie aus meiner Perspektive (in der psychoanalytischen Arbeit mit einzelnen, Paaren, Familien, Gruppen und in der Supervision politischer Gruppierungen) bisher erkennen kann. Es ist mir wichtig, am Ende meiner Ausführungen noch einmal zu betonen, daß wir in dem Bemühen um eine Heilung zerstörter und zerstörender Beziehungen aufeinander angewiesen sind. Oft fällt es uns schwer, dieses Angewiesen-Sein, unsere prinzipielle interpersonelle Abhängigkeit zu akzeptieren, eventuell auch das Angewiesen-Sein auf die Hilfe Dritter. Der einzelne/die einzelne kann nicht die Welt bewegen, aber er/sie kann sich selbst bewegen, indem er/sie sich als einen Teil dieser Welt in ihrer Vielfalt von Szenen zu verstehen versucht.

Es fällt uns auch schwer zu akzeptieren, daß wir nicht alles können. Was die Auflösung von Gewaltbeziehungen betrifft, muß man neben aller Bemühung oft sehen, daß es Beziehungen und Personen oder Personengruppen gibt, in denen das Urvertrauen zum Leben und zu den anderen Menschen so sehr gestört ist, daß kein Weg mehr aus der Selbst- und Fremdzerstörung herauszuführen scheint. Wir müssen wohl auch sehen, daß wir selbst aufgrund unserer Angst es häufig nicht zulassen können, daß sich an den bestehenden Fronten etwas ändert. Und wir müssen uns damit abfinden, daß wir in einer teilweise schon endgültig zerstörten Welt leben, in der es unheilbar zerstörte Beziehungen gibt. Nicht jede Beziehungskrankheit ist heilbar. Aber es gibt manches, was wenigstens teilweise heilbar wäre, wenn wir besser sehen könnten, wie die Wege der Heilung prinzipiell aussehen.

Wenn man einen Weg nicht gehen kann, ist es immer noch ein Unterschied, ob man sagt: „Ich kann oder will ihn nicht gehen", oder ob man sagt: „Den Weg gibt es gar nicht". Um diesen Unterschied ein wenig deutlicher zu machen, habe ich dieses Buch geschrieben.

Anmerkungen

Feindbilder – Bilder gegen die Angst

[1] Thea Bauriedl (1988): „Sozio-Psycho-Somatik. Die Erweiterung der Psychosomatik um ihre politische Dimension", in: Söllner, W., Wesiack, W. und Wurm, B. (Hrsg.): Sozio-Psycho-Somatik. Heidelberg (Springer) 1989, S. 19–25.
[2] Thea Bauriedl (1988): Der Gewalt widerstehen, in: Bauriedl, Thea: Das Leben riskieren. Psychoanalytische Perspektiven des politischen Widerstands. München (Piper) 1988, S. 113–157.
[3] Klaus Horn (1972): Gibt es einen Aggressionstrieb?, in Psyche 26, S. 799–817. Aktualisiert in: Klaus Horn: Gewalt–Aggression–Krieg. Baden-Baden (Nomos) 1988, S. 33–48.
[4] Vgl. Anm. 2.

Der Fremde als Bedrohung und Sündenbock

[1] Alexander und Margarete Mitscherlich (1967): Die Unfähigkeit zu trauern. München (Piper).
Thea Bauriedl (1988): Das Leben riskieren. Psychoanalytische Perspektiven des politischen Widerstands. München (Piper).
[2] Thea Bauriedl (1992): Feindbild Ausländer. Zur Psychologie der Ausländerfeindlichkeit in unserer Gesellschaft, in: Namo Aziz (Hrsg.): Fremd in einem kalten Land. Ausländer in Deutschland, Freiburg (Herder) 1992.
[3] taz, 04.04.1990, S. 7.
[4] Michael Bommes / Albert Scherr (1990): Die soziale Konstruktion des Fremden. In: Vorgänge 103, S. 40–50.

Sexueller Mißbrauch – wie Opfer zu Tätern werden

[1] Sigmund Freud (1897): Aus den Anfängen der Psychoanalyse. Briefe an Wilhelm Fließ. Abhandlungen und Notizen aus den Jahren 1878–1902 Frankfurt am Main (Fischer) 1950, S. 229.
Sigmund Freud (1925): Selbstdarstellung, G. W. XIV, Frankfurt am Main (Fischer), S. 60.
[2] Alice Miller (1979): Das Drama des begabten Kindes und die Suche nach dem wahren Selbst (Suhrkamp), Frankfurt am Main. Dies. (1981): Du sollst nicht merken. Variationen über das Paradies-Thema Frankfurt am Main (Suhrkamp).
[3] Horst Eberhard Richter (1963): Eltern, Kind und Neurose (Klett) Stuttgart. Ders. (1970): Patient Familie Reinbek (Rowohlt).
[4] Thea Bauriedl (1989): Ein Paragraph ist keine Lösung. Zur Problematik des

Kampfes um den § 218. In: natur, 3/1989, S. 56–59. Ungekürzte Fassung unter dem Titel: Die Angst vor dem Konflikt, in: Die neue Ordnung, Hrsg. Institut für Gesellschaftswissenschaften Walberberg, Jg. 43, Heft 3, 1989, S. 177–190.

Der Zug der Lemminge – über die Sucht, die eigenen Lebensgrundlagen zu zerstören

[1] Thea Bauriedl (1988): Das Leben riskieren. Psychoanalytische Perspektiven des politischen Widerstands, München (Piper).
[2] Frieder Wölpert (1983): Sexualität, Sexualtherapie, Beziehungsanalyse, München (Urban & Schwarzenberg).
[3] Jost Herbig (1984): Am Anfang war das Wort, München (Hanser).

Wege aus der Gewalt

[1] taz, 28.02.1992, S. 20.
[2] Joseph Goebbels (1987): Tagebücher. München (Saur)
[3] Reiner Steinweg (1991): Weder notwendig noch gerecht: Der Golfkrieg als anachronistische Katastrophe, in: Friedensbericht 1991. Friedensforscher zur Lage: Die Welt im Umbruch. Wien 1991. (dialog. Beiträge zur Konfliktforschung 20),S. 11–32.
[4] Horst Petri (1987): Angst und Frieden, Frankfurt am Main (Fischer).
Horst Petri (1991): Vergiftete Kindheit. Zur Psychosomatik der toxischen Umweltbelastung, in: Wirsching, M. und Richter, H. E. (Hrsg.): Neues Denken in der Psychosomatik. Frankfurt am Main (Fischer).
[5] Thea Bauriedl und Frieder Wölpert (1984): Vermiedene Konflikte führen zum Krieg, in: Psychologie heute, Sonderheft „Warum nicht Frieden?" Weinheim (Beltz), S. 26–35.
[6] Wolfgang Sternstein (1976): Strategien gewaltfreier Aktionen, in: Schulz,H. J. (Hrsg.): Politik ohne Gewalt, Frankfurt am Main (Suhrkamp), S. 165–179.
Dietmar Rothermund (1976): Mohandas K. Ghandi. Ebenda, S. 8–16.
[7] Ebd.
[8] Thea Bauriedl (1980): Beziehungsanalyse. Das dialektisch-emanzipatorische Prinzip der Psychoanalyse und seine Konsequenzen für die psychoanalytische Familientherapie. Frankfurt am Main (Suhrkamp).
[9] Herfried Münkler (1983): Sehnsucht nach dem Ausnahmezustand. Die Faszination des Untergrunds und ihre Demontage durch die Strategie des Terrors. In: Friedensanalysen 17. Frankfurt am Main (Suhrkamp), S. 60–88.
Eike Hennig (1983): „Wert habe ich nur als Kämpfer." Rechtsextremistische Militanz und neonazistischer Terror, ebenda S. 89–122.
[10] Meyers Enzyklopädisches Lexikon.
[11] Vgl. Anm. 8, S. 185ff.

[12] Ebd.
[13] Z.B. Hanne-Margret Birckenbach (1990): Jenseits von Mythen: Zur Politischen Psychologie des Friedens, in: Steinweg, R. und Wallmann C. (Hrsg.): Die vergessene Dimension internationaler Konflikte: Subjektivität Frankfurt am Main (Suhrkamp), S. 7–28.
[14] Vgl. Anm. 5.
[15] Vgl. Anm. 8.
[16] taz, 25.05.92, S. 4.
[17] Der Spiegel 21/1992, S. 129ff.
[18] Zitiert nach Herfried Münkler wie Anm. 9, S. 61.
[19] RAF, Kollektiv (o.J.): Über den bewaffneten Kampf in Westdeutschland. Berlin (Raubdruck), übernommen nach der Darstellung von Otthein Rammstedt: Zum Leiden an der Gewalt. In: Horn, K., Luhmann, N. et al. (Hrsg.): Gewaltverhältnisse und die Ohnmacht der Kritik. Frankfurt am Main (Suhrkamp) 1974, S. 251 f.
[20] Hanne-Margret Birckenbach (1990): Frieden durch Streit? Politisch-psychologische Rahmenbedingungen für die Überwindung von Feindbildern, in: Friedensanalysen 24. Frankfurt am Main (Suhrkamp), S. 151–188.
[21] Arbeitsgruppe TOA-Standards in der Deutschen Bewährungshilfe (1990): Täter, Opfer und Vermittler. Vom Umgang mit Problemen der Fallarbeit beim Täter-Opfer-Ausgleich. Bonn (Deutsche Bewährungshilfe e.V.).
Annemarie Kuhn, Martin Rudolph, Michael Wandrey, Hans-Dieter Will (1989):„Tat-Sachen" als Konflikt. Täter-Opfer-Ausgleich in der Jugendstrafrechtspflege. Godesberg (Forum).
[22] Hessische Stiftung Friedens- und Konfliktforschung et al. (Hrsg.) (1990): Friedensanalysen 24. Die vergessene Dimension internationaler Konflikte: Subjektivität. Frankfurt am Main (Suhrkamp).
[23] Klaus Horn (1979): Bemerkungen zur Situation des „subjektiven Faktors" in der hochindustrialisierten Gesellschaft kapitalistischer Struktur. In: Ders. (Hrsg.): Gruppendynamik und der „Subjektive Faktor". Repressive Entsublimierung oder politisierende Praxis Frankfurt am Main (Suhrkamp).
[24] Vgl. Anm. 21.
[25] Thea Bauriedl (1987): Die Initiative Wählerforum – Schwierigkeiten, Erfahrungen, Ausblicke, in: ANMERKUNGEN aus dem Institut für Politische Psychoanalyse München, Nr. 2, S. 87–95.
[26] Vgl. Anm 21.
[27] Thea Bauriedl (1988): „Frontbericht" – Unbewußte Phantasien in und um Wackersdorf, Teil 1 in: ANMERKUNGEN aus dem Institut für Politische Psychoanalyse München, Nr. 8, S. 105–137, Teil 2 in: ANMERKUNGEN, Nr. 9, S. 98–122.

Nachwort

[1] Thure von Uexküll (1991): Biosemiotik, in: Psychologie in der Medizin. 2, Nr. 3/4, S. 3–5.
Thure von Uexküll (1991): Psychosomatik als Suche nach dem verlorenen lebenden Körper, in: Psychother.Psychosom.med.Psychol., 41, S. 482–488 (Thieme), Stuttgart.
[2] Thea Bauriedl (1988): Sozio-Psycho-Somatik – Die Erweiterung der Psychosomatik um ihre politische Dimension, in: Söllner, W.; Wesiack, W.; Wurm, B. (Hrsg.): Sozio-Psycho-Somatik, Heidelberg (Springer) 1989, S. 19–25.
Thea Bauriedl (1988): Das Leben riskieren. Psychoanalytische Perspektiven des politischen Widerstands, München (Piper), S. 125 ff.